AF583100

Carlos María Alsina

Un Teatro Urgente

Vidas y Muertes de María Nadie
La Salud del General
El Otro Laberinto

Libros Tucumán
Ediciones

Alsina, Carlos María
Un Teatro Urgente: Vidas y Muertes de María Nadie, La Salud del General, El Otro Laberinto
1ra ed. Libros Tucumán Ediciones, 2023
106 p. ; 21 x 14 cm.

ISBN 978-631-90049-0-8

1. Teatro Argentino. 2. Pobreza 3. Dictadura Militar
CDD A862

www.LibrosTucuman.com.ar

VIDAS Y MUERTES DE MARÍA NADIE

De Carlos María Alsina

PERSONAJES:

MARÍA
LA FISCAL
EL HOMBRE
LA ABOGADA DEFENSORA
LA SEÑORA

(En escena objetos y elementos varios que servirán para representar la historia de María en distintos tiempos y lugares. La luz localizará los diversos espacios y momentos. Al comienzo, un haz de luz ilumina el rostro de La Fiscal, quién lee una presentación judicial...)

LA FISCAL: En mi carácter de Fiscal en el fuero penal de esta jurisdicción, habiendo recabado las pruebas pertinentes a la causa referida en autos...

(La luz ilumina ahora a María sentada en una silla. A su lado está su Abogada Defensora. María es una joven humilde marcada por el dolor y la desgracia)

MARÍA: *(A La Abogada...)* ¿Qué quiere decir eso, Dotora?

LA ABOGADA DEFENSORA: La Fiscal está por comunicar si se eleva tu causa a juicio, María.

MARÍA: *(Llorando)* ¿Por qué me habrían de enjuicia'? ¡Yo ni hi hecho nada!

LA ABOGADA DEFENSORA: *(Tratando de calmarla)* Lo sé, lo sé, María. Tranquila. Todo saldrá bien.

MARÍA: *(Llorando desesperada)* ¡Todo ha salío' mal, Dotora!

LA ABOGADA DEFENSORA: Lo que pasó no fue por tu culpa, María.

MARÍA: ¿Y por qué me tendrían que enjuiciá', entonce', Dotora?

LA ABOGADA DEFENSORA: Hay cuestiones técnicas, jurídicas, que es necesario aclarar, María. El primer paso es que no eleven tu causa a juicio. Mi tarea: defenderte.

MARÍA: Nunca nadie mi ha defendío' en la vida, Dotora.

(La luz cambia. Ahora la obra se fragmentará en tiempos diversos hasta el final. Aparece El Hombre en otro tiempo y en otro lugar. María se le acerca y bailan un ritmo popular con sus cuerpos sensualmente apretados)

EL HOMBRE: Te sabí' mové', mamita. ¿Cómo te llamás?

MARÍA: *(Alegre)* María.

EL HOMBRE: ¿Trabajá'?

MARÍA: Trabajo para una señora, en su casa. Le limpio y le cocino.

EL HOMBRE: ¿Cuántos años tení'?

MARÍA: Diez y seis. ¿Y vos?

EL HOMBRE: *(Riendo)* Veinticinco. Pero no es mucha la diferencia, ¿no?

MARÍA: *(Riendo y alegre)* No.

EL HOMBRE: ¿Querí' que se encontremo' a la salida del baile?

MARÍA: *(Riendo)* Y... bueno... sí.

(La música sigue, alegre. De pronto, se escucha la voz imperativa de La Señora. La música se descompone en sonidos deformados. La luz ilumina otro espacio. Una mujer, de una clase social más pudiente, llama a María...)

LA SEÑORA: ¡María!

(María entra en el cono de luz que contextualiza ese otro espacio y tiempo. Con cierto tenor, responde...)

MARÍA: Sí, Señora.

LA SEÑORA: ¿Por qué llegaste tarde hoy? Aunque esté en mi habitación y acostada, reconozco los ruidos de mi casa.

MARÍA: Me hi' demorao' un poco...

LA SEÑORA: *(La interrumpe)* ¿Un poco? Son las nueve y media. Llegaste una hora y media tarde.

MARÍA: Es que...

LA SEÑORA: *(Sin dejarla hablar)* ¡Es que hoy es lunes y te pasaste de joda el fin de semana! ¡Es lógico que te quedés dormida!

MARÍA: *(Con temor)* No ha sío' eso, Señora. Me hi acostao' temprano, pero....

LA SEÑORA: *(Irónicamente, la interrumpe)* ¡Temprano! ¡Y supongo que "acompañadita"!

MARÍA: *(Cargando rabia, aunque conteniéndose...)* Esas son cosa' mías, Señora.

LA SEÑORA: ¡Sí! ¡Por supuesto que son "cosas tuyas" "revolcarse" con alguno! ¡Pero aquí tenés que llegar a horario! ¡Para eso te pago! ¡Y si no te gustan las condiciones... ahí está la puerta! *(María baja la cabeza y no responde)* ¡Ahora andá a hacer tu trabajo! ¡Es la última vez que te lo digo!

(María sale del cono de luz que connota la casa de La Señora, quien se esfuma en la oscuridad. A María la espera, iluminado, otro espacio que contextualiza su pasado en la niñez-adolescencia. En el centro del haz de luz, hay una destartalada muñeca...)

MARÍA: *(Levantándola, como su fuera su hija)* ¡Hola, mi Princesa! ¿Me has extrañao'? Es que me hi perdío en el monte. ¿No te habrás asustao', no? Ahora te vuá' dar de comer. ¡No lloré'! Ya te preparo la comidita. *(María, jugando como una niña – aunque la actriz no actuará como "niña" - mima los preparativos, mientras habla con la muñeca)* No sé qué mi ha pasao'... Yo iba caminando por el sendero de siempre pa' volver aquí, pero... no sé... en un momento, todo el monte ha cambiao' y el caminito ha desaparecío'. Los árboles se han hecho diferentes: mucho más grandes y lleno' de hojas gigante' que no me dejaban ver pa' dónde tenía que ir. ¡Me hi agarrao' un susto que ni te digo! Hi tratao' de seguir caminando, en la misma dirección en la que venía... pero esas plantas y eso' árbole' me iban cerrando el camino. Yo daba un paso y ellos se agachaban más, pa' no dejarme pasar. *(Comienza a "darle de comer" a la muñeca...)* ¡No sabía hacia dónde ir! Ahí he comenzao' a llorá'. Entonce'... se me ha aparecío' Él. *(Hace un silencio de complicidad con su muñeca y le habla en secreto)* ¿Sabí' quién es Él?: es... es como un Príncipe. ¿Sabí' cómo son los príncipe'? Son hermoso' y vestido' con esas ropa'... de... de ante'. Se me lo ha aparecío' en un caballo blanco y, sin decirme nada, me ha levantao' y me ha subío'. *(Ríe en complicidad con la muñeca...)* Y... y... ¡El caballo galopiaba por los aire'! Tenía unas ala' que parecían de algodón, como eso' copos que recogimos de los "palos borrachos". Y entonces... hi visto todo desde arriba... el monte... las casitas... los surcos... Yo lo miraba al Príncipe, pero él no me miraba a mí. No mi he animao' a decirle nada en todo el viaje... hasta que me ha dejao' aquí. Cuando me ha bajao' del caballo blanco... *(Ríe a escondidas...)* Mi ha dao' un beso... ¡un beso!...

(Una luz se enciende en otro espacio. Otro tiempo. María deja la muñeca y se aproxima al lugar en la que la espera El Hombre. Sin palabras, la besa apasionadamente y le toca el cuerpo. Ella, tratando de preservar aún una cierta distancia en la relación física, dado lo reciente de la misma, trata de colocar "trabas" a las manos del Hombre. Este, con fuerza y decisión, se deshace de las defensas de María y la toca sin reparos...)

MARÍA: *(Al Hombre)* ¡Pueden verno'...!

EL HOMBRE: ¡No hay nadie por aquí, mamita! ¡Dale, si se ve que "te gusta"!

(El Hombre profundiza su acción. María está incómoda)

MARÍA: ¡Esperá! ¡No vayamo' tan rápido...! Yo...

EL HOMBRE: *(Mientras sigue tocándola sin detenerse)* ¡Vó' tení' ganas y se te nota!

MARÍA: Todavía no...

EL HOMBRE: *(La arroja al piso y se coloca encima)* ¡Abrí las piernas, mamita!

MARÍA: ¡No, no... esperemo` un poco! ¡No se conocemo' tanto como para...!

(El Hombre, con violencia, la somete)

EL HOMBRE: *(Mientras acciona)* ¡Vo' sabía' muy bien para qué venía' aquí! ¡No te hagá' la "difícil" ahora!

(La lucha prosigue. El Hombre logra su objetivo: María deja hacer. La luz abandona el lugar y se enciende en otro, iluminando a La Fiscal y connotando otro tiempo...)

LA FISCAL: *(A María que, mientras, se ha levantado y entra en el cono de luz...* ¿Quién es el padre, o los padres, de los niños? ¿Se trata de la misma persona?

MARÍA: *(María se sienta y con temor responde...)* Sí. Es el mismo hombre, Señora.

LA FISCAL: *(La corrige)* ¡Doctora! Diríjase cómo corresponde respetando la jerarquía de mi cargo.

MARÍA: Disculpe, Dotora.

LA FISCAL: ¿Está segura de lo que afirma?

MARÍA: Sí, Dotora.

LA FISCAL: Porque... no es común, a su edad y en las condiciones en las que vive, tener relaciones sexuales con una sola persona.

MARÍA: Yo... yo lo hi conocío'... a él, nomá'.

LA FISCAL: ¿"Conocío'? ¡Explique qué significa eso! ¿Quiere decir que ha tenido relaciones sexuales sólo con esta persona?

MARÍA: Sí, Dotora.

LA FISCAL: O sea que él es el padre de ambos niños. *(Insistiendo)* ¿Está segura?

MARÍA: Sí, Dotora.

LA FISCAL: *(Advirtiéndole...)* Tenga en cuenta que puedo pedir un análisis para verificar si lo que me dice es verdad.

MARÍA: Es verdad lo que le digo, Dotora. Puede pedí' los análisi' que hagan falta.

LA FISCAL: Ud. nunca se casó con ese hombre. *(Lo dice como una afirmación)*

MARÍA: No, Dotora.

LA FISCAL. ¿Por qué?

MARÍA: *(Dudando...)* No sé, Dotora. Cuando hi quedao' embarazada por la primera vez, li hi pedío' que se casemo'.

LA FISCAL: ¿Y él?

MARÍA: No ha querío'. Mi ha dicho que no.

LA FISCAL: Por lo que él declaró tenía, y tiene, otra familia. Está casado legalmente con otra mujer. ¿Desde cuándo Ud. sabe eso?

MARÍA: Al poco tiempo que himo' empezao' a... salí'... una vecina me lo ha contao'. Yo le hi pedío a él que aclare la situación y... entonce'... himo' discutío'. Ahí... me ha confirmao' que él tenía hijos con otra mujer, que tenía una familia aparte.

LA FISCAL: ¿Y entonces?

(En otro tiempo, como un recuerdo que se hace presente, aparece el Hombre y toma, violentamente, a María de los cabellos. La Fiscal se coloca, por un momento, fuera del haz de luz)

EL HOMBRE: ¡A mí, vó' no me va' a decir lo que tengo que hacer!

MARÍA: *(Defendiéndose, como puede...)* ¡Vo' no me has dicho nada de tu otra familia!

EL HOMBRE. *(Golpeándola, con inusitada violencia)* ¡Yo hago lo que quiero y si no te gusta, ya sabí'!

MARÍA: ¡No me pegué', no me pegué'!

EL HOMBRE: ¡Con mi familia vó' no te metá'!!

(María trata de protegerse y se acurruca. El Hombre sale del haz de luz. La escena vuelve al momento del interrogatorio de La Fiscal)

LA FISCAL: *(Ante el silencio de María, ocupado por el recuerdo de la golpiza)* ¡Responda!

MARÍA: Él... ha reaccionao' mal.

LA FISCAL: ¿Eso qué significa?

MARÍA: *(Dudando en contestar)* Si ha puesto... violento.

LA FISCAL: ¿Le pegó?

MARÍA: *(Luego de un silencio)* Sí, Dotora.

LA FISCAL: ¿Y Ud. por qué no lo abandonó?

MARÍA: *(Casi a punto de llorar, conteniéndose)* Es que yo... yo... lo quiero.

LA FISCAL: *(Con cierta ironía)* ¡Ah...! ¡Ud. "lo quiere"! ¿Y por eso siguió aceptando tener relaciones con él, sabiendo que tenía otra familia y, además, permitiéndole que la golpeara?

MARÍA: Despué' de cada discusión, él me prometía que iba a sé' la última vez que me pegaba. Y me decía que me quería. *(Con cierta nostalgia)* Despué' de las pelea', se me aparecía con un regalito... algún juguete pa' lo' chico'... Él, en el fondo, no es malo, Dotora.

LA FISCAL: ¿Sus hijos estuvieron presente en alguna discusión de esta naturaleza?

MARÍA: ¿Cómo, Dotora?

LA FISCAL: Le pregunto si ellos vieron cómo su... pareja... la golpeaba.

MARÍA: *(Dudando en responder...)* No me acuerdo.

LA FISCAL: ¿No recuerda? Sabemos que Ud. presentó una denuncia contra esta persona hace un tiempo, por "lesiones leves". *(María permanece en silencio sintiéndose descubierta)* ¿Por qué retiró esa denuncia a los pocos días de haberla realizado?

MARÍA: *(Responde con temor)* Es que... unos... amigo' de él... policías... me han venío' a ver y me han dicho que me convenía retirá' la denuncia. Me han dicho que igual no iba a tené' ningún resultado.

LA FISCAL: Y Ud. creyó en ellos y no en la Justicia.

MARÍA: ¿Qué podía hacer, Dotora? Ello' mismo', los policías, me han dicho que se presentan un montón de denuncias en la Comisaría y que, despué', "no pasa nada". Nadie interviene. Ademá'... muchos son amigo' de él. Y, al ratito, él ha venío', con unos regalito' para mí y pa' lo' chico'. Y... entonce'... se himo' reconciliao'.

LA FISCAL: Volvamos a lo que es importante para la causa: ¿Sus hijos estuvieron presentes alguna vez cuando él le pegó?

MARÍA: *(Luego de un silencio)* Sí, Dotora.

(La luz se enciende en el lugar en dónde está la muñeca. María deja el espacio del interrogatorio y levanta la muñeca, enojada)

MARÍA: *(A la muñeca)* ¡Te hi dicho mil vece' que no te hagás la pi en la cama! *(Con violencia, María golpea a la muñeca)* ¡Vamo' a vè si aprendí' de una vez!

(Entra en el espacio iluminado la Abogada Defensora. María deja la muñeca y se comporta en otro tiempo: el del cercano presente...)

LA ABOGADA DEFENSORA: *(A María)* María... ¿Tus padres te pegaban cuándo eras niña?

MARÍA: Sí. Mi papá, cuándo se emborrachaba, se ponía "mal" y nos pegaba.

LA ABOGADA DEFENSORA: ¿Y tu mamá?

MARÍA: Mi mamá... nos pegaba meno'. Ella, a mis hermano' y a mí, nos daba una cachetada, nada má'. Y casi siempre era por tontera' o travesura' que nosotro' hacíamo'. Mi papá... él... él sí que nos pegaba mucho. Teníamo' mucho miedo de que mi mamá le cuente, cuándo el papá volvía del trabajo, de alguna tontera que habíamo' hecho. Ella, a vece', nos hacía caso. Otra', no. Hasta que el papá ha tenío' el accidente...

LA ABOGADA DEFENSORA: ¿Qué le sucedió a tu papá?

MARÍA: Se ha caío' de un andamio en la obra en la que trabajaba. Y se nos ha muerto. Era joven todavía.

LA ABOGADA DEFENSORA: *(Luego de un silencio)* ¿Y, entonces, qué pasó?

MARÍA: Y... ahí la' cosa' en la casa se han complicao' má', Dotora. Mi mamá se ha puesto mal, como loca. Ha comenzao' ha golpearno' má' seguido. Pero, pobrecita, ella se daba cuenta que nosotro' no teníamo' nada que ver con lo que había pasao' y, despué' de pegarno', nos pedía perdón. Me acuerdo ella que trabajaba mucho, todo el día trabajaba... pa' mantenerno'.

LA ABOGADA DEFENSORA: ¿Su padre no le dejó una pensión? ¿Algo? ¿Cobraron alguna indemnización por el accidente?

MARÍA: Creo que no, Dotora. Mi papá trabajaba en la construcción sin contrato, en "negro", como le dicen.

LA ABOGADA DEFENSORA: ¿Y ustedes iban a la escuela?

MARÍA: Yo, que soy la más grande de lo' tres, hi' ido hasta tercer grado, nomá'. Mis hermano' han llegao' hasta un poquito má'. Pero ello' también han tenío' que abandoná'. Meno' mal que alguno' compañeros de mi papá, le iban consiguiendo trabajo como ayudantes, en distintas obra' en construcción. Y también hacían "changuita'" de todo tipo... cortaban el pasto, pintaban parede'...

LA ABOGADA DEFENSORA: ¿Y vos?

MARÍA: Yo me ocupaba de la casa cuando la mamá y mis hermanos salían a trabajá'. Cocinaba, hacía la compra', limpiaba... hasta que ya no nos ha alcanzao' más.

LA ABOGADA DEFENSORA: ¿Qué cosa? ¿El dinero?

MARÍA: Eso, Dotora. Mis dos hermano' si han tenío' que ir a trabajá' a Buenos Aires. De uno... teníamo' noticia' seguido. Del otro... primero, pocas. Despué'... nada.

LA ABOGADA DEFENSORA: ¿Le pasó algo?

MARÍA: No sabimo', Dotora. Mi otro hermano nos ha hecho sabé' que el más chico se ha "borrao' del mapa". No sabimo' porqué. Los dos vivían en lugares diferente'... en unos barrio' lejo' del centro de Buenos Aires. No sé si mi hermano má' chico está vivo o no.

LA ABOGADA DEFENSORA: Y una vez que ellos se fueron... ¿Qué pasó?

MARÍA: Y ahí... hi' tenío que salí' a trabajá' afuera de la casa yo también. Con lo de la mamá, no alcanzaba ni siquiera pa' las dos.

LA ABOGADA DEFENSORA: ¿Y adónde fuiste a trabajar?

MARÍA: Y... como "muchacha".

LA ABOGADA DEFENSORA: ¿Como empleada doméstica?

MARÍA: Sí, Dotora. Como sirvienta.

(La luz se enciende en la casa de La Señora. Es otro tiempo. Se trata del momento en el que María se propone, por primera vez, a trabajar como empleada doméstica. La Señora, con cierta amabilidad, la interroga. María, tímidamente, trata de contestar con la mayor seguridad de la que es capaz)

LA SEÑORA: ¿Qué edad tenés, m'hija?

MARÍA: Quince, Señora.

LA SEÑORA: ¿Sabés cocinar?

MARÍA: Sí. Desde chiquita hi' cocinao' en mi casa...

LA SEÑORA: *(La corrige)* "He cocinado", se dice, hija.

MARÍA: Sí, Señora. He cocinado en mi casa. Para toda la familia.

LA SEÑORA: Te ha recomendado una señora amiga, vecina de donde trabaja tu mamá. Me dijo que Uds. son personas honestas, competentes, limpias... en fin... adecuadas para hacer las tareas domésticas. Aquí tenés que entrar a trabajar a las ocho en punto de la mañana y quedarte hasta las ocho de la noche. Por supuesto que el almuerzo y la merienda corren por mi cuenta.

MARÍA: *(Luego de una pausa, plena de conflictividad...)* ¿Y... yo... cuánto...?

LA SEÑORA: ¿Cuánto vas a ganar? Dejame que lo piense. Hay otras chicas interesadas y tengo que elegir.

MARÍA: *(Preocupada)* ¡Yo estoy dispuesta a que me pague lo que Ud. pueda, Señora!

LA SEÑORA: Bueno, hija, bueno. Ya lo voy a pensar. Pero lo que tenés que saber es que yo no hago ningún tipo de contrato. ¿Quedamos de acuerdo en eso?

MARÍA: Sí, Señora.

LA SEÑORA: Así es, m'hija. ¿Uds. reciben planes de ayuda social?

MARÍA: Mi mamá, Señora. Pero... igual no alcanza.

LA SEÑORA: Volvé pasado mañana y te aviso si te elijo para el trabajo.

MARÍA: Sí, Señora.

(María se gira. La luz que connota el lugar en dónde está la muñeca. María se dirige hacia ella...)

MARÍA: *(Con unos trapitos que usa como ropa para la muñeca, la cambia)* Así vas a estar má' linda, Princesita. Todos los que te vean, van a decir: "¡Ahí va la chica má' hermosa del barrio!". Y vo' tení' que sentirte así: linda, hermosa... Todo' te van a queré' alzá' y besá'. ¡Todo'! Vó' dejá que todo' te quieran. Es lindo que todo' te quieran. Y algún señor de buena familia, con su esposa, te va a llevar a conocer otro' lugare'. Lugare' que no conocimo'. Con el mar delante... que debe ser muy grande... y la playa... y las ballena'... y... y... todo eso... todo eso... *(No sabe cómo seguir. Pausa. Piensa...)* Todo eso que no me puedo imaginar. *(Terminando de ponerle la nueva ropita a la muñeca y mirándola...)* Así, así, estás má' linda, Princesita. Así, todo' te van a queré'.

(Entra, en el haz de luz, el Hombre. María cambia su actitud. Se trata de otro tiempo. El Hombre, sin decir una palabra y con cierto arrepentimiento, le extiende un regalo. María lo recibe y abre el paquete. Saca una remera. Él espera una reacción de ella. María se coloca la remera delante de su cuerpo, como probándosela. Luego, levanta la mirada. Momento de intensa tensión. Luego, ella corre hacia él y lo abraza. Se besan apasionadamente. Se ilumina el espacio de La Fiscal. Otro tiempo. María deja al Hombre y se encamina hacia ese lugar. Se sienta. La Fiscal retoma la última pregunta que le había formulado...)

LA FISCAL: ¿Sus niños estuvieron presentes alguna vez cuando él le pegó?

MARÍA: *(Luego de un silencio...)* Sí, Dotora.

LA FISCAL: ¿Y Ud. no hacía nada para evitarlo?

MARÍA: *(Con una explosión contenida)* ¡Hacía de todo pa' que ello' no vean cuando me pegaba!

LA FISCAL: ¿Y qué hacía? Ud. vivía en una casilla de madera de una sola habitación que era, a la vez, cocina y dormitorio. ¿Cómo protegía a sus hijos?

MARÍA: *(Con dolor)* Si podía... quiero decí'... si él me dejaba un momentito tranquila... yo los metía en la camita y les tapaba la cabeza pa' que no vean. Ello' lloraban, pero sabían que no tenían que mirá'. Y yo les hi enseñao' que, cuando él me pegaba, ello' tenían que tapase lo' oído' pa' no escuchá'.

LA FISCAL: ¿Le pegaba con frecuencia?

MARÍA: *(Luego de un silencio, tratando de no de perjudicar al Hombre)* Y... no tanto. A vece'...

LA FISCAL: ¿Y por qué le pegaba? ¿Cuáles eran los motivos?

MARÍA: No sé, Dotora. Los viernes, cuándo se reunía con lo' amigo' despué' de trabajá' en la obra, venía borracho y me pegaba. Despué'... quería tené'... relacione' conmigo... pero yo no tenía gana'. Entonce'... se enojaba... a vece' me volvía a pegá'... y yo... abría la' pierna'...

LA FISCAL: *(La corrige...)* Usted accedía, aceptaba, quiere decir.

MARÍA: *(Dudando en la precisión del termino)* Sí, Dotora.

LA FISCAL: ¿Y los chicos?

MARÍA: Ello'... estaban en su camita, al lao' de la cama grande. Lo chico' dormían al lao' mío. Teníamo' una sola pieza.

LA FISCAL: Es decir que sus hijos escuchaban todo. Y si se destapaban, podían mirar lo que pasaba a un metro de distancia.

MARÍA: Yo no podía hacé' otra cosa, Dotora. Trataba de no gritá' y de callame cuándo me pegaba. Por ello' dos, ¿sabe? Él me insultaba y yo no contestaba. Y cuándo se me tiraba encima pa'... pa'... *(Duda en cómo seguir)*

LA FISCAL: Para penetrarla.

MARÍA: Sí, eso. Ahí yo trataba de no hacé' ruido, de no moveme. Me daba vergüenza... por los chico'...

LA FISCAL: ¿Y después?

MARÍA: Despué'... cuándo él... terminaba... se levantaba de encima mío, se subía el pantalón y se iba.

LA FISCAL: Volvía a la casa de su mujer legal, digamos.

MARÍA: Sí, Dotora.

LA FISCAL: ¿Y Ud. aceptaba eso sin protestar?

MARÍA: Cuándo trataba de decile algo sobre eso... él se ponía... mal. Me amenazaba. Y, a vece', Dotora, me pegaba, Y yo... yo... Dotora... tenía miedo de que no vuelva má' a verme.

LA FISCAL: Claro. Ud. elegía el placer con él a la educación moral de sus hijos.

MARÍA: *(Luego de un silencio...)* Yo hacía lo que podía, Dotora.

(Se enciende la luz sobre la Abogada Defensora. Otro tiempo)

LA ABOGADA DEFENSORA: ¿Y por qué te fuiste de la casa de tu mamá, María?

MARÍA: *(Con cierta vergüenza...)* Es que ella no quería que yo lo viera. Me hacía problema' cada vez que se enteraba que yo mi encontraba, con él, a escondida'. Cuando hi quedao' embarazada por la primera vez, ella mi ha hecho un escándalo y me mi ha corrío'. Ahí me hi tenío' que ir de la casa.

LA ABOGADA DEFENSORA: ¿Y adonde fuiste?

MARÍA: Y... bueno... se habían ocupao' unas manzana', no muy lejo' de la casa de mi mamá. Mucha' familia' se han puesto de acuerdo y han ocupao' eso' terreno' que estaban vacíos de hacía año'. Ahí hi aprovechao'. Él... él...

LA ABOGADA DEFENSORA: *(La interrumpe)* ¿Tu pareja?

MARÍA: Sí, Dotora. Él me ha avisao' de eso y me ha ayudao' a costruí' la casilla de madera. En eso se ha portao' bien conmigo.

LA ABOGADA DEFENSORA: ¿Y se fue a vivir con vos?

MARÍA: No, Dotora. Él vivía con su otra familia, en otro barrio, pegao' al mio. Nunca la ha abandonao' a la otra mujer ni a sus otros hijo'. Él pasaba a visitame y me ayudaba en lo que podía. Cuando ha nacío' la primera, mi hijita, mi ha acompañao' a la Maternidad.

LA ABOGADA DEFENSORA: ¿Te daba dinero para los chicos?

MARÍA: Y... sí. Cuándo tenía trabajo me ayudaba.

LA ABOGADA DEFENSORA: ¿Cómo te ayudaba?

MARÍA: Y... a vece' con mercadería... y a vece', cuando le iba mejor en el trabajo, con algo de plata.

LA ABOGADA DEFENSORA: ¿Con lo que él te daba te alcanzaba para mantener a los chicos y a la casa?

MARÍA: *(Luego de una pausa...)* La verdá' que no. Yo, trabajando como sirvienta, lograba juntá' más.

LA ABOGADA DEFENSORA: Esto que te voy a preguntar para la causa judicial es importante, María. A mí me tenés que decir toda la verdad para que te pueda defender mejor.

MARÍA: Sí, Dotora.

LA ABOGADA DEFENSORA: ¿Cuándo ibas a trabajar... quién cuidaba de los chicos?

MARÍA: *(Recordando)* Y bueno... cuando la primera apena' había nacío', yo me quedaba con ella pa' darle la teta. La patrona si ha molestao', pero no me ha dejao' sin trabajo. Apena hi' podío', hi vuelto a trabajá'. Todas las mañana', la dejaba a mi hijita en la casa de una amiga del barrio que tenía mucho' hijo' y el marido se las arreglaba bastante bien como plomero. Yo, con lo que me pagaba la Señora, más lo que cobrara del Plan, y también con lo que él me daba, iba "tirando". Cuando terminaba de trabajá', pasaba por la casa de mi amiga y la buscaba a mi Princesa, a mi hijita. *(María hace una pausa, se conmueve...)* ¿Sabe, Dotora? Hay gente buena, que ayuda, como esta amiga, que me la cuidaba...

LA ABOGADA DEFENSORA: ¿Y qué pasó cuándo quedaste embarazada por segunda vez?

MARÍA: Y... ahí la' cosa' se han complicao'. No sabía qué hacé', Dotora. Hi' pensao'... hi' pensao...

LA ABOGADA DEFENSORA: ¿En interrumpir el embarazo?

MARÍA: *(Con cierta vergüenza...)* Sí, Dotora.

LA ABOGADA DEFENSORA: No te avergüences. Teneme confianza. Yo estoy a favor de la interrupción voluntaria del embarazo.

MARÍA: No sabía qué hacé', Dotora. Hi consultao' con el curita del barrio y me ha aconsejao' que lo tenga. La verdá'... la verdá... es que yo lo quería tené'. Quería que mi Princesa tenga un hermanito. Pero... no podía má', Dotora. Nadie quiere... *(No sabe bien cómo expresarse)*... sacase un bebé de la panza... porque le guste. Yo sabía que la llegada de mi angelito me iba a complicá' mucho la vida.

LA ABOGADA DEFENSORA: ¿Y él? Digo... el padre... ¿era el mismo de la primera nena?

MARÍA: *(Con dulce firmeza)* Sí, Dotora. Yo siempre lo hi' querío sólo a él. Él es el padre de los dos.

LA ABOGADA DEFENSORA: ¿Y qué hizo? ¿Te ayudó con el segundo hijito?

MARÍA: *(Hace un prolongado silencio)* No. Si ha perdío' de vista. Al segundo lo hi' tenío' sola. Un tiempo despué' que ha nacío' mi changuito, ha aparecío', arrepentido, y me ha pedío' perdón.

LA ABOGADA DEFENSORA: Entonces... ¿Nadie te acompañó en ese parto?

MARÍA: Mi mamá, Dotora. Ella mi ha venío' a vé' y se himo' amigao' de nuevo. Ella me ayudaba con los dos. Así... yo podía ir a trabajá'. Pero... cuándo él ha comenzao' a aparecé' de nuevo por mí casa, a vece' borracho, han discutío' y mi mamá se ha alejao' de nuevo. Solamente pasaba de vez en cuando. Cuando estaba segura que él no iba a vení'.

LA ABOGADA DEFENSORA: ¿Y cómo hacías para seguir trabajando?

MARÍA: Alguna' madres del barrio me han ayudao', Dotora. Si himo' organizao' pa' darno' una mano entre todas, porque muchas teníamo' el mismo problema: dónde dejar lo' chicos. A veces... lo' sábado' por la tarde, o los domingo', cuando yo no tenía que ir a trabajá' a la casa de la Señora, mi ocupaba de cuidá' también a lo' hijo' de otras madres que trabajaban en bare', o cuidaban gente vieja, o tenían que hacé' otros trabajo' de fin de semana. Así... hi ido "tirando"...

LA ABOGADA DEFENSORA: ¿Y por qué perdiste el trabajo como empleada doméstica?

(La luz se enciende en el espacio que contextualiza la casa de La Señora. Otro tiempo)

LA SEÑORA: *(Llamando a María imperativamente)* ¡Vení ya mismo para aquí!

MARÍA: *(María se acerca con temor)* ¿Qué pasa, Señora?

LA SEÑORA: *(Enfurecida)* ¡Dame el anillo de oro que me sacaste del placar!

MARÍA: ¿Qué?

LA SEÑORA: ¡El anillo! ¡No te hagás la tonta!

MARÍA: No sé de qué me está hablando, Señora.

LA SEÑORA: ¡Vos sos la única que entrás en mi pieza a limpiar! ¡Devolveme el anillo o llamo a la policía!

MARÍA: *(Con temor)* Yo no li hi' sacao' ningún anillo', Señora.

LA SEÑORA: ¡Sos la única que entra a mí dormitorio!

MARÍA: Señora... ha entrao' gente a trabajá' en su pieza hace uno' día'. A arreglarle el aire acondicionado.

LA SEÑORA: *(La mujer duda...)* Esa gente es honesta. Personas recomendadas por amigas.

MARÍA: Yo hace rato que trabajo para Usté', y nunca se le ha perdío' nada, Señora.

LA SEÑORA: ¡No sé, no sé! No he revisado todavía a fondo. ¡Ahora lo voy a hacer! ¡Te vas ya mismo de aquí! ¡Ladrona! ¡Vamos a ver qué le decís a la policía!

(Se ilumina el lugar en dónde está la muñeca. Otro tiempo. María se aproxima...)

MARÍA: ¿Princesita? ¿Princesita? ¿Por qué llorá', Princesita? *(María abraza a la muñeca y la mece mientras le canta una canción infantil. Supuestamente, la muñeca se duerme...)* Eso... eso... dormite tranquila, mi amor. Y tení' que soñá' sueño' lindo', de eso que se sueñan cuando una está alegre... contenta... Vo' tení' que está contenta porque yo te quiero mucho, porque yo estoy a tu lao', porque yo te voy a protegé' de todo y de todos...

(El Hombre aparece en el haz de luz. El tiempo cambia...)

EL HOMBRE: Mis amigo', los changos de la policía, mi han dicho que la Señora en dónde trabajá', ti ha ido a denunciá' por robo, María.

MARÍA: *(Al Hombre...)* Yo no hi robao' nada.

EL HOMBRE: Dicen que has robao' un anillo de oro.

MARÍA: ¡No es verdad! ¡Ella me ha corrío' de la casa sin motivo!

EL HOMBRE: ¿Qué has hecho con el anillo? ¿A quién se lo has vendío'? Tarde o temprano en el barrio se sabe todo.

MARÍA: Te hi dicho que yo no hi robao' ningún anillo.

EL HOMBRE: ¡Mejor que me digá' la verdá'! Mis amigo' de la policía van a cajoneá' la denuncia contra vó' hasta que aparezca el anillo ese. Mi han dicho que tu patrona conoce mucha gente: abogado', juece', comisario'... No se va a quedá' quieta.

(María, luego de una pausa y con vergüenza, saca de adentro del cuerpo de la muñeca el anillo robado y se lo entrega al Hombre. Este lo toma, lo introduce en un bolsillo e, imprevistamente, le da una bofetada a María)

EL HOMBRE: ¡Estúpida! ¡Te has quedao' sin el pan y sin la torta!

(María se acurruca a su muñeca y llora. El Hombre duda. Luego de una pausa, se le acerca y le acaricia la cabeza...)

EL HOMBRE: No ti preocupé'. Lo' chango' de la cana se van a encargá' de que no te pase nada.

MARÍA: *(Llorando...)* ¡No me alcanza pa' lo' chico'!

EL HOMBRE: Y ahora has empeorao' la cosa. Ti has quedao' sin trabajo.

MARÍA: *(Secándose las lágrimas...)* Ya vuá' conseguí' otro.

EL HOMBRE: Espero. Yo tampoco puedo má'. No es que se encuentra laburo de un día pal' otro. Vó' sabí' que yo, ahora, tampoco tengo trabajo.

MARÍA: Sí, ya sé. Por eso le hi sacao' el anillo a la Señora. Hi pensao' que podía venderlo y ganame uno' pesos. Vó'... vo'... *(Con temor...)*... hace rato que no me pasá' dinero, ni nada.

EL HOMBRE: *(Reaccionando, grita a María...)* ¿Y qué querí' que haga? ¿Vó' creí que me gusta andá' sin trabajo?

MARÍA: *(Con miedo...)* Pero... a la otra... a tus otro' hijo'... a ello' sí le das lo que podí'.

EL HOMBRE: *(Gritando)* ¡Mi mujer trabaja en su súper! ¡Y no anda robando como vo'! ¿Sabí' qué?: ¡Arreglate solita de ahora en má'! ¡Yo te saco del quilombo del robo que has hecho y olvídate de mí!

(El Hombre se gira y sale del haz de luz. María corre tras él...)

MARÍA: ¡No, no me dejé', no me dejé'!

(El Hombre se desembaraza de María y se pierde en las sombras. La luz se enciende en el espacio de la Fiscal. Otro tiempo. María se sienta...)

LA FISCAL: ¿Y por qué quedó sin trabajo?

MARÍA: *(Con temor, tratando de ocultar lo que ha pasado...)* No sé, Dotora.

LA FISCAL: ¿Cómo "no sé"? Algún motivo tiene que haber.

MARÍA: No sé, Dotora. Un día... la Señora, en donde trabajaba, mi ha dicho de que no vuelva más.

LA FISCAL: ¿Así nomás? ¿Sin explicarle nada?

MARÍA: Es que... es que... yo... a veces... llegaba tarde. Y ella... era muy mandona.

LA FISCAL: ¿Y qué hizo cuándo quedó sin ese empleo?

MARÍA: Ahí nomá' hi empezao' a buscar otro.

LA FISCAL: ¿Cómo empleada doméstica?

MARÍA: De lo que sea, Dotora. Pero no conseguía nada. Y con lo' Plane' no me alcanzaba...

LA FISCAL: ¿Y el padre de sus hijos? ¿No me dijo que la ayudaba?

MARÍA: Él... él... cuando hi perdío' el trabajo... se ha borrao'.

LA FISCAL: *(Buscando precisión en la declaración de María)* ¿Se ha "borrao'? Explique bien qué significa eso.

MARÍA: Me ha dejao'. No ha venío' a verme por mucho tiempo.

LA FISCAL: ¿Y Ud., no lo buscó? Sus hijos necesitaban ayuda, ¿no?

MARÍA: *(Luego de una pausa)* Sí, Dotora. Primero lo hi hecho llamá', pero no venía.

(María permanece en silencio. La Fiscal insiste)

LA FISCAL: ¿Y entonces?

MARÍA: Y entonce'... lo hi esperao' cerca de la casa en la que vive con su otra mujer.

(La luz ilumina otro lugar. Otro tiempo. Aparece, desde las sombras, El Hombre. María se acerca a ese lugar y lo sorprende...)

MARÍA: ¿Por qué no me querí' ver más? Yo no te hi' hecho nada.

EL HOMBRE: *(Molesto, con rabia...)* ¿Qué haci' aquí? ¡Rajá! Pueden verno'!

(El Hombre toma violentamente a María de un brazo y trata de alejarla. María, sin embargo, se resiste...)

MARÍA: ¡Vo' me tení' que ayudá' con lo' chico'! ¡Son tus hijo', también!

EL HOMBRE: *(Empujándola con violencia)* ¡Andate de aquí! ¡Ya vuá' pasá' por tu casa!

(María, empujada por El Hombre, vuelve al sector en dónde está La Fiscal. Otro tiempo)

LA FISCAL: ¿Y qué sucedió entonces?

MARÍA: Al final... ha aparecío' despué' de uno' días.

LA FISCAL: ¿Y la ayudó?

MARÍA: Me ha dao' unos pesos. Y mi ha dicho que no

vuelva a aparecerme por cerca de su casa. La otra...

LA FISCAL: *(Corrigiéndola, la interrumpe...)* La esposa legal de su pareja, para ser exactos.

MARÍA: *(Luego de un breve silencio, cargado de dolor)* Sí, Dotora. Ella... la mujer de él... se ha enterao' de que yo lo andaba buscando y parece que le ha hecho un escándalo.

LA FISCAL: ¿Y Ud., cómo sabe eso?

MARÍA: En el barrio se sabe todo, Dotora. Él me ha dao' ese dinero y me ha dicho que no quería sabé' nada más de mí, ni de lo' chicos.

LA FISCAL: ¿Y no volvió a verlo hasta que pasó lo que pasó?

(La luz se ilumina en el espacio de la Abogada Defensora. Otro tiempo)

LA ABOGADA DEFENSORA: *(A María)* ¿Nunca te citó la policía por el tema del anillo, María?

MARÍA: No, Dotora. Él mi ha prometío' que sus amigo' de la policía iban a arreglar el asunto.

LA ABOGADA DEFENSORA: Ayudaría, en tu actual situación, que no tengas antecedentes policiales.

MARÍA: La Fiscal me ha dicho que la Señora en dónde trabajaba había retirao' la denuncia cuando ha recuperao' el anillo. Yo no lo hi hecho de ladrona, Dotora. Yo no soy una ladrona. Es que estaba desesperada.

LA ABOGADA DEFENSORA: ¿Tuviste otros problemas del tipo, María?

MARÍA: ¿Con la policía?

LA ABOGADA DEFENSORA: Sí. Alguna denuncia...

MARÍA: Solamente hi ido a la comisaría pa' denuncialo a él, la última vez que me ha dao' una paliza y me ha dejao'...

(Otro tiempo. Entra en el haz de luz El Hombre. La Abogada Defensora se coloca fuera del sector iluminado. El Hombre comienza a golpear a María. Esta grita y trata de defenderse. El Hombre la somete y cuando se cansa de golpearla, dice...)

EL HOMBRE: ¡Vó', a mí, no me vas a ver más! ¡Vó' querí' que me separe de mi mujer y eso no lo va' a conseguir! ¡Si te veo cerca de mi casa, te juro que te mato! *(El Hombre, con rabia, le tira unos billetes por la cara a María)* ¡Esto es lo último' que te doy! ¡No me jodá' más! ¿Has entendío'?

(María, golpeada, acepta con la cabeza. El Hombre sale del haz de luz. María se levanta. La Abogada Defensora entra en la zona iluminada. Se regresa al tiempo del diálogo anterior al recuerdo de María)

MARÍA: ... Pero los policía' se sonreían y se hacían lo' tontos cuando hi dicho que él me pegaba. No ha pasao' nada con esa denuncia, Dotora.

LA ABOGADA DEFENSORA: Entiendo. Pero... me refiero a denuncias en tu contra. ¿Robaste alguna otra vez? ¿Tuviste problemas con algún vecino?

MARÍA: No, Dotora. Ha sío' la única vez que hi sacao' algo que no era mío. ¡Y ha sío' por necesidá'! *(María hace una pausa)* ¡Y por bronca, Dotora! ¡Esa vieja me trataba mal y se hacía la buenita con su familia y con sus amiga'! Y conmigo... *(Deja el razonamiento en suspenso. La luz se ilumina sobre la muñeca. Otro tiempo. María le habla desde lejos. Se trata de un fragmento de su imaginación...)*

MARÍA: *(A la muñeca, con dulzura...)* Yo siempre ti hi cuidao', Princesita. Vó' era lo único lindo que yo tenía hasta que han llegao' lo' chicos. Lo mismo... yo nunca te hi abandonao'. La más grandecita jugaba con vo', como cuando yo era chica. Ella también te cuidaba. Y te cambiaba la ropita'... y te limpiaba cuando te hacía' la pi. Y... me preguntaba qué te gustaba comé'... pa' darte. *(La voz se le quiebra)* Ella... se imaginaba que te llenaba la panza de chocolate', de caramelo', de torta', de sánguche'... de tanta' cosa'... ¡Y me decía' que vó' era' feliz! ¡Qué linda que es la imaginación, Princesita! Soñá' con lo que una no puede sé'.

(La luz se enciende en el sector de La Fiscal. Otro tiempo. Esta retoma la pregunta de la última escena que tuvo con María...)

LA FISCAL: ¿Y no volvió a ver a su... pareja... hasta que pasó lo que pasó?

MARÍA: No, Dotora.

LA FISCAL: *(La Fiscal saca unos papeles de una carpeta)* La policía de su barrio, cuando investigamos, nos informó que Ud. tuvo una denuncia por robo: un anillo de oro de su ex patrona.

(La Fiscal extiende un papel a María. Esta, sorprendida, lo recibe. Atontada, no lo lee...)

MARÍA: Pero... yo...

LA FISCAL: ¿Ud. "qué"? ¿Robó o no robó?

MARÍA: *(Tratando de esconder lo que pasó...)* Ha sío' una confusión de la Señora. Yo... yo... no hi robao'...

LA FISCAL: ¿No? Su ex patrona sostiene lo contrario. La Justicia sabe todo.

(La luz se enciende sobre La Señora. Otro tiempo. María, con timidez, entra en ese espacio...)

LA SEÑORA: ¿A qué viniste?

MARÍA: *(Bajando la cabeza y con temor)* A retirá' mis cosas que hi dejao' aquí, Señora. Y a pedile disculpa'.

(La Señora se aproxima a María y, sorpresivamente, le da una cachetada en la cara)

LA SEÑORA: ¡Ladrona! *(María, humillada, no reacciona)* ¡Así son ustedes! ¡Una les da lo mejor y después te traicionan! ¡Andá a buscar esas zapatillas asquerosas y tus otras cosas que has dejado aquí! ¡Agradecé que no te las quemé! La policía me hizo llegar el anillo que me robaste. ¡Yo tengo conocidos en la Justicia, estúpida!

(María sale del sector iluminado. Otro tiempo. La luz vuelve a La Fiscal. Esta retira el papel de las manos de María)

LA FISCAL: Su ex patrona, como buena persona que es, retiró la denuncia en su contra. Pero la presentación que ella había hecho quedó registrada, lo mismo, en la Comisaría.

(La luz ilumina a la Abogada Defensora. Otro tiempo)

LA ABOGADA DEFENSORA: *(Hojeando una carpeta)* La Fiscal señala que tu ex empleadora te denunció en la Comisaría y que, después, retiró la denuncia, con lo que la causa se detuvo. Al parecer, no ha quedado nada en tu prontuario, María.

MARÍA: Él me había dicho que sus amigo' de la policía... iban a arreglá' el asunto.

LA ABOGADA DEFENSORA: Ellos le deben haber devuelto el anillo a esta mujer y, seguramente, la aconsejaron para que retire la denuncia en tu contra y ella se evite, así, trámites, presentaciones, abogados, en fin... "pérdidas de tiempo".

MARÍA: Meno' mal, Dotora.

LA ABOGADA DEFENSORA: ¿Y con tus vecinos...? ¿Tuviste problemas?

MARÍA: No hi tenío' nunca problema' con lo' vecino', Dotora. Al contrario. Ello' me han ayudao' mucho; como le hi contao'.

LA ABOGADA DEFENSORA: Eso es positivo para nosotros, María. ¿Vos crees que ellos estarían dispuestos a declarar a tu favor?

MARÍA: *(Luego de una breve pausa)* Creo que sí, Dotora.

LA ABOGADA DEFENSORA: Bien. Haremos una lista y les pediremos que, en caso que sea necesario, atestigüen. Sé que muchos te ayudaron... cuando pasó... *(La Abogada deja en suspenso la idea. Se ilumina la luz sobre la muñeca. María se acerca, enciende una vela. Le habla en un tiempo imaginario...)*

MARÍA: No tengá' miedo, Princesita. ¿No has visto que las ceniza' vuelan por lo' aire'? Las ceniza' caen del cielo, Princesita, como una lluvia de desgracia'. Pero vuelan. Pueden ver las casita' desde arriba, como debe ser con lo' avione' que vemo' pasá' desde aquí abajo. ¿Has visto ese surco blanco que dejan detrá'? Parece que lo tajean al cielo. A vece'... levanto la cabeza y veo que el cielo está dibujao' con líneas blanca'. Vos también vas a vola' hecha ceniza, Princesita. Y yo no te vuá dejá' caé' nunca a la tierra. Vuá' soplá fuerte pa' que sigá' volando por los aire'... siempre por lo' aire'... sin bajá´ nunca... como las nube'...

(La luz ilumina a la Fiscal. Otro tiempo...)

LA FISCAL: *(A María)* Declare qué pasó ese día.

MARÍA: La verdá' que la mala suerte ha empezao' la noche anterior.

LA FISCAL: ¿La noche anterior? ¿Por qué?

MARÍA: Hacía mucho frío, Dotora. Lo' chicos temblaban de frío en la casilla.

(Ahora la luz iluminará también a la Abogada Defensora. Las preguntas, relatos y respuestas, convivirán en tiempos diversos)

LA ABOGADA DEFENSORA: *(En otro tiempo...)* Contame toda la verdad, María. ¿Cómo pasaron las cosas?

MARÍA: *(A la Fiscal, en otro tiempo...)* Mi mamá mi había regalao' una estufa usada de cuarzo, que estaba medio rota. Prendía una vela, nomá'...

LA FISCAL: ¿Y entonces?

MARÍA: *(A la Abogada Defensora, en otro tiempo...)* Yo hi prendío' la estufa esa noche, Dotora. Hacía mucho frío...

LA ABOGADA DEFENSORA: Ajá. ¿La estufa estuvo prendida toda la noche, María?

LA FISCAL: *(En otro tiempo...)* ¿Ud. se aseguró que la estufa funcionara bien?

MARÍA: *(A la Abogada Defensora...)* Sí, Dotora, estuvo prendida toda la noche porque hacía mucho frío. La estufa prendía la mitá' nomá'... una sola de las dos vela'... pero andaba bien. Los tres se himo' acurrucao' cerca de la estufa, pa' calentarno'....

LA ABOGADA DEFENSORA: *(A María, en otro tiempo...)* ¿No observaste nada de extraño en el enchufe, María? ¿O en la misma estufa?

MARÍA: *(A la Fiscal, en otro tiempo...)* Funcionaba bien, Dotora. Ya la habíamo' usao' varias vece'.

LA FISCAL: *(A María...)* ¿Y se durmieron los tres con la estufa prendida?

MARÍA: *(A la Fiscal...)* Sí, Dotora.

LA ABOGADA DEFENSORA: ¿No sentiste ningún olor extraño durante la noche, María?

LA FISCAL: *(A María, en otro tiempo...)* ¿Ud. se durmió primero, o esperó que antes se durmieran su hija y su hijo?

MARÍA: *(A la Abogada Defensora...)* Todo normal, Dotora. Yo hi esperao' que los chiquito' se duerman y despué' me hi ido durmiendo yo también.

LA FISCAL: *(En otro tiempo...)* ¿Y no se le pasó por la cabeza pensar que dejar encendido un aparato eléctrico, al parecer para nada nuevo, no es muy seguro?

MARÍA: *(A La Fiscal...)* Hacía mucho frío esa noche, Dotora. Y la estufa que me ha regalao' mi mamá, siempre había funcionao' bien. Yo la usaba porque me han dicho que dormí' con lo' carbone' prendío' en el bracero es peligroso... Y esa noche ha pasao' sin problema'. Hemo dormío' bien los tres... abrazadito'.

LA ABOGADA DEFENSORA: *(En otro tiempo...)* ¿Y a qué hora te despertaste, María?

MARÍA: *(A la Abogada Defensora...)* Y... habrá sío' a las siete, Dotora.

LA FISCAL: *(En otro tiempo, a María...)* ¿Y qué hizo cuándo se despertó?

MARÍA: *(A la Fiscal, después de una pausa...)* Me hi quedao' un rato más en la cama... abrazada a lo' chico'...

LA FISCAL: ¿No desenchufó la estufa?

MARÍA: *(A la Abogada Defensora...)* No, Dotora. Hacía mucho frío. La helada se había metío' en la casilla por toda' partes. Por eso hi esperao' un poco antes de levantarme... *(En otro tiempo, a La Fiscal, respondiendo...)* No, Dotora. No la hi desenchufao'. Por los chico'... estaba helando...

LA FISCAL: *(A María...)* ¿Y qué hizo después?

MARÍA: *(A la Fiscal...)* Tenía que comprá' leche y bizcocho' pa' los chico' antes de ir a vé' una señora que me podía dar trabajo. Ella me esperaba a las nueve y media...

LA ABOGADA DEFENSORA: *(A María, en otro tiempo...)* ¿A qué hora te levantaste, María?

MARÍA: *(A la Abogada Defensora...)* Y... habrá sío' cerca de las ocho, más o meno'.

LA FISCAL: *(A María, en otro tiempo...)* ¿Sus hijos seguían durmiendo?

MARÍA: *(A la Fiscal...)* Sí, Dotora. El más chiquito se había despertao' para hacé' la pi y yo se la hi hecho hacé' en una botella... de esa de plástico, cortada por la mitá', pa' que él no salga afuera y se hiele. El baño estaba en el fondo del terreno, Dotora.

LA ABOGADA DEFENSORA: *(A María, en otro tiempo...)* ¿Y tu hijito quedó despierto, María?

MARÍA: *(A la Abogada Defensora...)* No, Dotora. Ha hecho la pí y, ahí nomá', se ha vuelto a dormir.

LA FISCAL: *(A María, en otro tiempo...)* ¿Entonces Ud. se levantó y salió a comprar lo que declara?

MARÍA: *(A La Fiscal...)* Sí, Dotora. Tenía que dale el desayuno a lo' chico' antes de dejarlo' en la casa de la amiga esa que me los cuidaba cuando yo iba a buscá' trabajo o a trabajá'.

LA ABOGADA DEFENSORA: *(A María, en otro tiempo...)* Entonces... fuiste al almacén, María.

MARÍA: *(A la Abogada Defensora...)* Sí, Dotora. Me hi vestío' pa' salí' con tiempo y comprá' esas cosas pal desayuno. Yo compraba la comida de a poco en poco... estaba sin trabajo, Dotora.

LA FISCAL: *(A María, en otro tiempo...)* ¿Y no advirtió en desconectar la estufa cuándo salió hacia el almacén?

MARÍA: *(A la Fiscal...)* Y... no, Dotora. Iba hasta el almacén y volvía en un ratito, nomá'...

LA ABOGADA DEFENSORA: *(En otro tiempo, a María...)* ¿Los chicos quedaron durmiendo, María?

MARÍA: *(En otro tiempo, a La Fiscal...)* Sí, Dotora. Los chico' estaban durmiendo.

LA FISCAL: *(A María...)* Salió de su casa, fue al almacén y... ¿nada más?

MARÍA: *(A la Fiscal...)* Así ha sío', Dotora.

LA ABOGADA DEFENSORA: *(A María, en otro tiempo...)* ¿No te demoraste por algún motivo en volver?

MARÍA: *(A la Fiscal, en otro tiempo...)* Cuando hi salío' del almacén, después' de comprá' las cosa', mi hi encontrao' con una amiga del barrio en la puerta...

LA FISCAL: *(A María...)* ¿En la puerta del almacén?

MARÍA: *(A la Abogada Defensora, en otro tiempo...)* Mi hi encontrao' con una amiga que me ha dao' otros dato' pa' encontrá' trabajo, Dotora... *(Ahora, a la Fiscal, en otro tiempo...)* Sí, Dotora. En la vereda del almacén la hi encontrao'.

LA ABOGADA DEFENSORA: *(A María, en otro tiempo)* María... decime la verdad... ¿Te demoraste mucho hablando con ella?

LA FISCAL: *(En otro tiempo, a María...)* ¿Cuánto tiempo habló con su amiga?

MARÍA: *(A la Abogada Defensora...)* No, Dotora. Un ratito, nomá'. Yo tenía que volvé', levantalo' a lo' chico', darles el desayuno y dejarlo' en la casa de mi otra amiga pa' poder llegá' en horario a la casa de la señora que me estaba esperando pa' conocerme'... por el trabajo.

LA FISCAL: *(A María, en otro tiempo...)* ¿Qué distancia hay entre su casa y el almacén?

MARÍA: *(A La Fiscal, pensando...)* Y... una' seis cuadra', más o meno'. Mi casa quedaba al fondo del barrio y el almacén estaba a la entrada, cerca de la avenida.

LA ABOGADA DEFENSORA: *(A María, en otro tiempo...)* Entonces... calculando... habrás estado fuera de tu casa media hora...

LA FISCAL: *(A María, en otro tiempo...)* Si lo que Ud. declara es verdad... me refiero al tiempo que Ud. asegura que se entretuvo hablando con su amiga... habrá empleado una media hora, como mínimo.

MARÍA: *(A La Abogada Defensora...)* Y si, Dotora.

LA ABOGADA DEFENSORA: *(A María...)* ¿Y cómo te enteraste de lo que estaba pasando, María?

(Otro tiempo. María entra en el haz de luz en dónde está la muñeca. Acerca la vela encendida al cuerpo de la muñeca de manera tal que casi se toquen. Le habla...)

MARÍA: Yo no quería que pasen frío, Princesita. No tenían por qué pasá' frío, si son chiquito'...

(Ahora se incorporarán, a la escena de tiempos "quebrados", El Hombre y La Señora quienes, junto a la Fiscal y a la Abogada Defensora, interaccionarán con María)

EL HOMBRE: *(En otro tiempo, a María...)* Yo vuá' hacé' la instalación elétrica de la casilla, María...

LA SEÑORA: *(En otro tiempo, a la Fiscal...)* Casi nunca llegaba a horario, Doctora. Siempre ponía un pretexto...

LA FISCAL: *(A María, en otro tiempo...)* ¿Quién le avisó lo que estaba pasando?

MARÍA: *(A la Fiscal...)* Una vecina...

EL HOMBRE: *(En otro tiempo, a María...)* Se vamo' a tené que "colgá'" del cable general hasta que decidan qué hacé' con la ocupación de los terreno'. No te van a poné' medidor de luz aunque pidá' mientra' eso no se resuelva. Además... no vas a tené' que pagá' la boleta...

LA ABOGADA DEFENSORA: *(A María, en otro tiempo...)* ¿Qué te dijo esa vecina, María?

MARÍA: *(A La Fiscal, en otro tiempo...)*... Ella ha llegao' corriendo, a lo' grito'...

LA SEÑORA: *(A La Fiscal, en otro tiempo...)* Me ha robado un anillo, sí. Pero no parecía una mala persona, Doctora.

MARÍA: *(A la muñeca...)* Vó' tení que sé' siempre buena, Princesita. Deseale el bien a los demá'...

EL HOMBRE: *(En otro tiempo, a María...)* Todo' están "colgao'" en el barrio, María. No hay otra.

MARÍA: *(A la Abogada Defensora, en otro tiempo...)* Mi ha dicho que salía humo de mi casa...

LA FISCAL: *(A María, en otro tiempo...)* ¿Y Ud., qué hizo cuando le dijeron eso?

MARÍA: *(A la Abogada Defensora, en otro tiempo...)* Hi salío' corriendo, desesperada, pa' la casa...

LA SEÑORA: *(A la Fiscal, en otro tiempo...)* Se ve que tenía una relación... compleja... con el padre de sus chicos...

EL HOMBRE: *(A María, luego de haber terminado la precaria instalación eléctrica, en otro tiempo...)* Ya está. Ya tení' luz.

MARÍA: *(A la muñeca...)* Pero no te tení' que enamorá', Princesita.

EL HOMBRE: *(A María, en otro tiempo...)* Así, poco a poco, vamo' a ir avanzando...

MARÍA: *(Al Hombre...)* ¿Vó' vas a vení' a vivir conmigo?

LA FISCAL: *(A María, en otro tiempo...)* ¿Y cuándo llegó a su casa, que vio?

LA ABOGADA DEFENSORA: ¿Ya habían llegado los bomberos, María?

MARÍA: *(A La Fiscal, en otro tiempo, con inmenso dolor...)* La casilla se estaba quemando, Dotora.

EL HOMBRE: *(A María, en otro tiempo...)* ¡Ti hi dicho que no! ¡Vó' sabí' bien que yo tengo mi familia...!

MARÍA: *(A la muñeca...)* No ti enamoré', Princesita Una sufre mucho...

LA SEÑORA: *(A La Fiscal, en otro tiempo...)* A veces llegaba a trabajar con moretones. Y, cuando yo le preguntaba las causas, me decía que se había caído...

LA FISCAL: *(A María, en otro tiempo...)* ¿Ya había llamas en su casa o solamente humo?

MARÍA: *(A la Abogada Defensora, en otro tiempo...)* No, Dotora, lo' bombero' han tardao' un poco en llegá'. La policía ha llegao' primero que ellos... *(Ahora, en otro tiempo, a La Fiscal...)* Ya había mucha' llamas, Dotora. Llamas alta'.

LA ABOGADA DEFENSORA: *(A María, en otro tiempo...)* ¿Y qué hiciste entonces, María?

EL HOMBRE: *(En otro tiempo, a María, increpándola...)* ¡Vó' tenía que cuidalo' a lo' chico'!

MARÍA: *(A La Fiscal, en otro tiempo...)* Hi tratao' de entrar a la casa pa' sacarlos...

LA SEÑORA: *(A La Fiscal, en otro tiempo...)* Y... me parece que los quería mucho a sus hijos, Doctora. Siempre me contaba de ellos. Yo, cuando podía, le regalaba ropa...

MARÍA: *(A la muñeca, arreglándole las ropitas...)* Pero, aunque no te quieran, vó' tení' que está siempre linda, Princesita. Linda y buena. *(Ahora, a la Abogada Defensora, llorando...)* Alguno' vecino' me han sujetao', Dotora. Las llamas ya estaban alta'. Mi casita, con lo' chico' adentro, si ha quemao' en un segundo... Yo gritaba pa' que me suelten pero ello' me decían que me iba a quemá' yo también...

LA FISCAL: *(En otro tiempo, a María...)* ¿Y cuándo llegó la policía?

EL HOMBRE: *(En otro tiempo, a María, increpándola...)* ¡Cómo vas a dejá' la estufa prendida, estúpida!

MARÍA: *(A la Abogada Defensora, en otro tiempo, llorando...)* En eso' momento' ha llegao' un patrullero y, a la fuerza, me han metío' adentro del auto...

LA ABOGADA DEFENSORA: ¿Sabés si alguien trató de entrar a sacar a los chicos, María?

MARÍA: *(A La Fiscal, en otro tiempo...)* No sé, Dotora. Me parece que lo' vecino se han dao' cuenta, cuando el incendio ya había comenzao'. Todo ha paso' en un segundo.

LA FISCAL: ¿Y los bomberos, cuándo llegaron?

LA SEÑORA: *(A La Fiscal, en otro tiempo...)* Los lunes llegaba más tarde que el resto de los días. Para mí que se dormía por estar con ese hombre...

MARÍA: *(A la Abogada Defensora, en otro tiempo...)* Cuando estaba dentro del patrullero, hi sentío' la sirena de lo' bomberos. Pero había un policía que no me dejaba vé' nada. Me tenía con la cabeza entre la pierna', pa' que no vea...

EL HOMBRE: *(En otro tiempo, a María...)* ¡Seguro que ha sío' un cortocircuito de la estufa esa!

LA FISCAL: *(Al Hombre...)* Las pericias señalan que esa puede haber sido una de las causas. Pero... además, su "amiga" estaba conectada ilegalmente al cable de luz público. ¿Ud. hizo esa conexión?

LA ABOGADA DEFENSORA: *(A María, en otro tiempo...)* Claro, María. Tu casilla se incendió en un instante. Era de madera y tengo entendido que tenía partes tapadas con plástico...

EL HOMBRE: *(A La Fiscal, en otro tiempo...)* Sí, Dotora.

LA FISCAL: *(Al Hombre...)* ¿No sabe que hacer esa conexión es peligroso? ¿Que una conexión del tipo no se atiene a las normas de seguridad más elementales, además de ser ilegal?

EL HOMBRE: *(A María, en otro tiempo...)* ¡Vó' la debí' de habé puesto pegada a la cama, por el frío! ¡Y las chispa' del cortocircuito deben habé' agarrao' las sábana'! *(Ahora, a La Fiscal, respondiéndole en otro tiempo, con temor...)* Es que... todo' lo tenimo' que hacé', Dotora. Se "colgamo" porque no alcanza con la plata y, ademá', eso' terreno', dónde vivía ella con lo' chico', son ocupao'. La empresa no le conecta la luz.

MARÍA: *(María, con dolor, aparta lentamente la vela de la muñeca...)* Nunca hi pensao' que podía pasar lo que ha pasao', Princesita. Nunca. Hubiera preferío' quemame yo...

LA SEÑORA: *(A La Fiscal, en otro tiempo...)* Era bastante cuidadosa y prolija, Doctora. Aunque, a veces, se ve que andaba con la cabeza quién sabe dónde y se olvidaba de volver a poner las cosas en su lugar...

LA FISCAL: *(Al Hombre, en otro tiempo...)* Ud. hizo algo que no debía hacer. La conexión ilegal sin la mínima seguridad más el mal funcionamiento de un aparato eléctrico, al parecer, provocaron el incendio. Vamos a investigar su responsabilidad en la cuestión. *(Ahora, a María, en otro tiempo...)* Entonces... no pudo entrar a tratar de rescatar a sus hijos.

MARÍA: *(A La Fiscal, llorando...)* No, Dotora.

LA ABOGADA DEFENSORA: *(A María, en otro tiempo...)* ¿Y entonces, María? ¿No te dejaron salir del patrullero?

MARÍA: *(A la Abogada Defensora...)* No, Dotora. De ahí ya no me acuerdo más. Me han dicho que mi hi desmayao' adentro del auto de la policía. *(María, ahora, habla a la muñeca...)* Lo' sueño' son terrible', Princesita. Pesadilla'. Pero yo no sé si es mejor despertarme o seguir soñando. Cuando mi despierto, y me acuerdo de lo que verdaderamente ha pasao'... creo que eso es peor que las pesadilla'. Ya no sé adónde meteme, Princesita...

EL HOMBRE: *(A La Fiscal, en otro tiempo, con temor...)* Yo no tengo nada que vé', Dotora. Teníamo' una relación... no legal... con ella. No vivíamo' junto'. Yo tengo mi familia con mi esposa.

LA SEÑORA: *(A La Fiscal, en otro tiempo...)* Para mí que se distraía pensando en ese hombre...

LA ABOGADA DEFENSORA: *(A María, en otro tiempo...)* Yo creo que es mejor que no hayas visto nada, María.

MARÍA: *(A la Abogada Defensora...)* Eso me dicen todo', Dotora. Yo ya hi visto los dos cajoncito' cerrao' nomá'.

(María acuesta a la muñeca en el piso y la tapa completamente con un pedazo de tela. Después, apaga la vela...)

LA FISCAL: *(A María, en otro tiempo...)* Bien. Es suficiente con lo que declaró. *(Ahora, al Hombre, en otro tiempo...)* ¿No eran, acaso, sus hijos, los niños que murieron quemados?

EL HOMBRE: *(Conmovido, a La Fiscal, después de una pausa...)* Sí, Dotora. Ello' eran también hijo' mío'.

MARÍA: *(A La Fiscal, en otro tiempo...)* ¿Y ahora, Dotora? ¿Qué va a pasarme?

LA ABOGADA DEFENSORA: *(A María, en otro tiempo...)* Tenemos que esperar que la Fiscal decida si eleva tu causa para que te juzguen, María.

LA FISCAL: *(Al Hombre, en otro tiempo, con cierta dureza...)* Hijos que Ud. no quiso reconocer como propios.

MARÍA: *(A la Abogada Defensora, en otro tiempo...)* ¿Juzgarme? ¿De qué, Dotora? Si yo no hi hecho nada, si yo los quería a lo' chico' más que a mí... y ello' se me han muerto... ya no están. *(María llora conmovida)*

LA SEÑORA: *(A La Fiscal, en otro tiempo...)* Es que viven como animales, Doctora. Falta educación... cultura... preparación...

(La Señora se desvanece en la sombras)

EL HOMBRE: *(A la Fiscal, en otro tiempo, bajando la cabeza y muy conmovido...)* Yo mi hi hecho cargo de todo, Dotora. De los entierro' de los chicos... yo hi tratao' de... *(No sabe cómo seguir. Se interrumpe. Como puede, conmovido, prosigue...)* Yo los quería, Dotora... yo los quería mucho...

(El Hombre se esfuma en la oscuridad. También lo hace La Fiscal)

MARÍA: *(A la Abogada Defensora, en otro tiempo...)* ¿Qué? ¿Me pueden condená', Dotora? ¿Pueden mandame' a la cárcel? ¿Por qué?

LA ABOGADA DEFENSORA: *(A María, luego de una pequeña pausa...)* Si el juicio se inicia y te encuentran culpable... sí, María, te pueden condenar y enviarte a la cárcel.

MARÍA: *(Piensa un instante, reflexionando. Luego dice...)* Yo ya hi nacío' condenada, Dotora. No hi hecho nada ante' de nacé' y ya estaba condenada. La vida mi ha sacao' a mis hijito'... a lo que yo más quería... ¿Qué otra condena peor puede habé', Dotora?

LA ABOGADA DEFENSORA: *(Conmovida)* Sí, María. Así es. Pero hay leyes...

MARÍA: *(La interrumpe...)* ¿Leyes? ¿Le parece, Dotora, que hay leyes? Yo no las conozco, Dotora. Nunca las leyes me han ayudao'. Yo también esisto, Dotora, como todos. Yo también esisto.

(Se enciende la luz sobre La Fiscal. Se regresa al tiempo del inicio de la obra. María y la Abogada Defensora se ubican en ese tiempo y lugar, que es el núcleo temporal del texto. Esta continúa leyendo el alegato del comienzo...)

LA FISCAL: Esta Fiscalía solicita la elevación a juicio de este caso bajo la carátula de homicidio culposo agravado por el vínculo familiar y abandono de persona. La muerte de los dos pequeños hijos de la sospechada, a causa del incendio provocado por un cortocircuito en la instalación eléctrica de la casa, que estaba conectada a la red general sin las mínimas normas de seguridad y en forma ilegal, se debió a su negligencia de no haber previsto, dada la corta edad de las víctimas, la posibilidad de que algo negativo pudiese suceder si ella, como aconteció, se alejara de la vivienda. Es clave la consideración que las víctimas, de sólo seis y cuatro años de edad, encontrándose en soledad, no estaban en grado de resolver ni ponerse a salvo de algún imprevisto lamentable como el que sucedió y les costó la vida. Era deber de la madre proveer a la seguridad de sus hijos, cuestión que, según será demostrado en el proceso jurídico correspondiente, la madre homicida no atendía. Solicito, por lo tanto, la inmediata elevación a juicio del caso y el rechazo de cualquier pedido de sobreseimiento. Será Justicia.

MARÍA: *(La luz, ahora, sólo ilumina a María. Con una enorme tristeza, dice para sí...)* Justicia...

(La luz, lentamente, se esfuma y con ello llega el FINAL)

APAGÓN FINAL

LA SALUD DEL GENERAL

De Carlos María Alsina

Esta obra toma como punto de partida un hecho real: el hijo de un desaparecido, en su condición de enfermero se ocupó, entre otros profesionales, de cuidar la salud de un anciano General condenado por genocida. La situación representada en esta obra intenta ser una metáfora, ya que los diálogos y las situaciones corresponden a la imaginación de quien la escribió.

PERSONAJES:

EL ENFERMERO
EL HIJO
LA MÉDICA
LA MADRE
EL FOTÓGRAFO

(Entre las sombras de un espacio, que sugiere la antesala de la terapia intensiva de un sanatorio privado, se ilumina, lentamente, el rostro del Enfermero. Escribe algo personal, recordando...)

EL ENFERMERO: Yo tenía entonces 13 años, papá. Me diste un beso y te fuiste a trabajar a los talleres ferroviarios como lo hacías desde que la adolescencia te enseñó que la infancia era una camisa que te quedaba estrecha. Mamá te preparó el desayuno mientras te vestías y te preparabas para lidiar con máquinas, "fierros", tornillos... Ese día estabas apurado, como si algo o alguien, ansioso, te estuviera esperando. Mamá lo advirtió y te preguntó. Le contestaste sobre una pesadilla que durante la noche te había apuñalado. Después... el beso cotidiano...

(Alguien golpea la puerta exterior de las dos que hay en escena. Las luces cambian y descubren el lugar. El Enfermero levanta la mirada hacia la puerta exterior y dice...)

EL ENFERMERO: ¿Sí?

(La puerta se entreabre y aparece El Hijo)

EL HIJO: *(Entrando antes de pedir permiso)* ¿Cómo está mi padre? ¿Cómo pasó la noche?

EL ENFERMERO: Intranquilo.

EL HIJO: ¿Le dio la medicación para evitar el dolor?

EL ENFERMERO: Por supuesto. Es mi deber.

EL HIJO: *(Desconfiado)* Espero que cumpla con su deber.

EL ENFERMERO: *(Parco...)* Es lo que hago.

(El Hijo, sin pedir autorización, se encamina hacia la puerta interior; la de la terapia intensiva)

EL ENFERMERO: ¡No se detenga demasiado en terapia! Luego, el paciente es difícil de calmar. Se agita, llora, tiembla...

EL HIJO: *(Lo interrumpe)* ¡Mi padre no conoce el temor!

EL ENFERMERO: ¿Usted cree? Yo no estaría tan seguro. A veces delira. Habla de sangre, de patria, de coraje... y llora.

EL HIJO: *(Con cierta rabia)* ¡Parece que lo decís con alegría!

EL ENFERMERO: No, no lo digo con alegría. ¡Y no me dé del "vos"! No somos amigos.

EL HIJO: Mi padre, por defender la patria, tiene muchos enemigos. Espero que "Usted" no sea uno de ellos. Mi padre, el General, dio sus mejores esfuerzos para...

EL ENFERMERO: *(Lo interrumpe...)* ¡Entre! No tengo tiempo que perder.

EL HIJO: *(Como una amenaza)* ¡Ya me encargaré de averiguar quién es Usted...!

EL ENFERMERO: *(Con dureza)* ¡Entre ahora o váyase! ¡Y no se demore demasiado! El paciente se agita.

(El Hijo, conteniéndose, abre la puerta interior e ingresa al lugar en el que está El General. El Enfermero vuelve a sentarse. Las luces cambian. El Enfermero escribe...)

EL ENFERMERO: Y te fuiste de casa, papá. Recuerdo un sueño recurrente que tenía cuando era niño. Soñaba que abría una puerta y encontraba otra y luego otra y después otra... una sucesión interminable... como una imagen infinita de espejos enfrentados...

(Desde las sombras aparece La Madre. Se aproxima al Enfermero y le acaricia la cabeza. El Enfermero le aferra la mano...)

EL ENFERMERO: Mamá...

(De pronto, por la puerta externa, entra La Médica. Las luces cambian. La Madre se desvanece en las sombras)

LA MÉDICA: *(Refiriéndose al General, con cierta ansiedad...)* ¿Cómo está?

EL ENFERMERO: *(Regresando a la realidad del presente)* Empeora, Doctora, como era de prever.

LA MÉDICA: ¿El hijo del General está con él?

EL ENFERMERO: Sí. Entró hace un instante.

LA MÉDICA: Hay que estar atentos. El General no es un paciente cualquiera.

EL ENFERMERO: Para mí es igual a todos.

LA MÉDICA: Me refiero a las circunstancias que rodean todo esto. Hay presiones importantes para...

EL ENFERMERO: Sé muy bien lo de las presiones. Se lo aseguro.

LA MÉDICA: *(Como una advertencia)* Cualquier error en el tratamiento podría ocasionarnos un serio problema, tanto al Sanatorio como a nosotros.

EL ENFERMERO: Doctora, me esmero en cumplir con mi profesión. Soy enfermero desde hace bastante tiempo.

LA MÉDICA: Sí, sí, lo sé. Pero...

(De la puerta interior entra el Hijo)

HIJO: ¡Está peor! ¡Ha desmejorado!

LA MÉDICA: Usted sabe que su padre...

HIJO: ¡Mi padre ayer me reconocía! Lograba asentir con la cabeza cuando le preguntaba algo. ¡Hoy no responde!

LA MÉDICA: Le hicimos saber, a toda su familia, que las condiciones de su padre...

EL HIJO: ¡Aquí no lo cuidan como corresponde! ¡Ese señor no es de confiar! *(Señala al Enfermero. El Enfermero se levanta, ofuscado)*

EL ENFERMERO: *(Al Hijo)* ¡Lo atiendo con dedicación! ¡Como a cualquier paciente!

EL HIJO: ¡Mi padre no es "cualquier paciente"! ¡Es un General de la Nación y fue Gobernador de esta provincia! ¡Elegido por pueblo!

EL ENFERMERO: ¡Veinte años antes fue el gobernador de una terrible dictadura!

EL HIJO: ¿Qué dice? ¡Mi padre es un héroe de la patria!

LA MÉDICA: *(Al Hijo)* ¡Cálmese! Su padre está siendo atendido con todos los recaudos necesarios.

EL HIJO: ¡Espero que así sea! ¡Se arrepentirán si descubrimos que no es así!

EL ENFERMERO: *(Firme)* ¿Es una amenaza?

HIJO: ¡Tómelo como quiera! ¡Averiguaré quién es Usted!

(Enojado, El Hijo se retira por la puerta exterior. La Médica lo sigue, tratando de calmarlo...)

LA MÉDICA: ¡No se preocupe! ¡Estamos haciendo lo mejor...!

(La Médica también sale de escena. El Enfermero vuelve a quedar solo. Las luces cambian)

EL ENFERMERO: Mientras desayunaba, antes de ir al colegio, te escuchaba. Me hablabas de los problemas de la fábrica, de tu lucha en el sindicato, de las traiciones, de cómo planificaban, desde el gobierno, cerrar los talleres. Y de tu esfuerzo, y el de tantos otros, por evitarlo. Te miraba con admiración. Todos, en el trabajo, te respetaban. Sé que tratabas de ser coherente entre lo que pensabas y lo que hacías; algo que no suele ser muy común en estos tiempos...

(Entra La Madre, desde las sombras...)

LA MADRE: *(Al Enfermero...)* Tu padre es un ejemplo, hijo. Estoy orgullosa de él. Cuando nos casamos no entendía muy bien algunas cosas pero, poco a poco, me convencí que él luchaba por algo tan simple y obvio como justo. Te confieso que muchas veces tuve miedo. A veces le imploraba para que no se expusiera tanto en público. Hablaba en las asambleas, jamás se escondía. Me decía que él no tenía nada que ocultar, que yo no tenía que temer porque él hacía todo "a la luz del sol", abiertamente.

EL ENFERMERO: Lo sé, mamá.

LA MADRE: Confiaba demasiado en los demás. No todos se comportaron bien cuando...

EL ENFERMERO: *(La interrumpe...)* Sé de tu calvario, mamá. A veces, cuando me lo permitías, te acompañaba. ¡Qué puerta no golpeaste!

LA MADRE: *(Luego de una pequeña pausa...)* Silencio. Un sinuoso silencio era lo único que escuchaba. Sólo recibía respuestas esquivas. Y tenía que aguantar la irrespetuosidad con la que me trataban.

EL ENFERMERO: Tendrán su justo castigo, mamá.

LA MADRE: No lo sé, hijo, no lo sé. El tiempo pasa, envejecen, y viven sus últimos días recluidos en barrios privados...

EL ENFERMERO: *(Señalando hacia la puerta interior)* No todos, mamá.

LA MADRE: La muerte no muerde de igual modo.

(Entra La Médica, por la puerta exterior, con preocupación, haciendo referencia al General. Cambian las luces. La Madre se esfuma entre las sombras)

LA MÉDICA: ¡La familia está por denunciarnos a la prensa!

EL ENFERMERO: Yo no tengo nada que ocultar. Le he dado, y he anotado minuciosamente, cada suministración de medicamentos.

LA MÉDICA: Son peligrosos. ¿No escuchás el apoyo de sus simpatizantes en la calle?

EL ENFERMERO: Sí. Los escucho.

LA MÉDICA: La prensa es muy sensible a la presión de quienes, a pesar de la condena, aún lo idolatran.

EL ENFERMERO: Lo sé, Doctora. Tengo experiencia en luchar contra la indiferencia y la estupidez.

LA MÉDICA: *(Luego de una pequeña pausa)* No quiero que te ofendas. Pero... sé de tu pasado. Sé qué le ocurrió a tu familia. Puedo interceder para que te transfieran...

EL ENFERMERO: *(Con firmeza)* ¡Ni se le ocurra, Doctora! Este es mi lugar de trabajo.

LA MÉDICA: Es que... si ellos se enteran que vos... en fin... de tu historia, podrían sospechar que...

EL ENFERMERO: Yo estoy haciendo, con corrección, lo que tengo que hacer.

LA MÉDICA: Sabemos que una muerte se puede acelerar...

EL ENFERMERO: ¡No le permito, Doctora!

LA MÉDICA: No quiero ofenderte. Pero... sería comprensible... la venganza...

EL ENFERMERO: No es eso lo que buscamos. ¡Señáleme un solo caso de venganza personal realizado por los familiares de las víctimas!

LA MÉDICA: *(Lo interrumpe, tratando de compatibilizar)* Coincido, claro, coincido. Pero... sería humano suponer...

EL ENFERMERO: Para mí lo "humano" no es vengarse, Doctora. Para mí lo humano es cuidarlo como a cualquier otro paciente. Usted sabe que yo podría, incluso, provocar que sufra más. Que podría, simplemente, mermar la cantidad de analgésicos. Nadie me controla en las largas noches cuando él y yo estamos solos.

LA MÉDICA: Creo que eso es lo que denunciarán la familia y el partido del General.

EL ENFERMERO: Doctora, mi padre alguna vez me dijo una frase que no era suya pero que a él le gustaba repetir: “Con la verdad no ofendo ni temo.”

LA MÉDICA: Estamos en un problema. *(Acercándosele, buscando una cierta complicidad...)* Entenderás que tengo que cuidar mi carrera profesional y defender los intereses del Sanatorio. Soy la responsable...

EL ENFERMERO: ¡Haga lo que piense que tiene que hacer, Doctora! Yo no voy a pedir ningún traslado. “Con la verdad no ofendo ni temo”. ¿Escuchó?

LA MÉDICA: *(Con rabia contenida)* Si esta es tu posición, tendrás que atenerte a las consecuencias.

EL ENFERMERO: *(Haciendo referencia a la frase que hace poco pronunció...)* ¿Escuchó?

LA MÉDICA: Sí. Escuché. ¡Si vos cuidás tus intereses, yo tengo que cuidar los míos!

EL ENFERMERO: Yo no cuido “mis intereses”, Doctora. Si fuera así, me bastaría con un pequeño movimiento de los dedos y el oxígeno se interrumpiría lo suficiente como para hacer justicia por mano propia. O, como le decía, podría ser más sutil: tratar de que sufra lo máximo posible.

(La Médica, incómoda a causa del diálogo anterior, entra en el lugar en dónde está el General)

LA MADRE: *(Habla desde las sombras, sin ingresar al espacio iluminado, como una voz que llega a la memoria del Enfermero)* "Con la verdad no ofendo ni temo."

(Por la puerta exterior entra, raudamente, el Hijo del General)

EL HIJO: ¡Ahora sé quién sos! ¡El hijo de un subversivo! ¡Averiguamos todo!

EL ENFERMERO: ¿También dónde está el cuerpo de mi padre?

EL HIJO: ¡Buscalo en Europa! ¡Ahí debe estar! ¡Allí se fugaron!

EL ENFERMERO: ¡Retírese de aquí! ¡No tiene permiso para entrar!

EL HIJO: ¡Yo entro cuando se me da la gana! ¡Vos estás asesinando a mi padre!

(De la puerta interior, al escuchar los gritos, entra La Médica)

LA MÉDICA: ¿Qué pasa?

EL HIJO: ¡Usted también es responsable de que no se lo esté atendiendo como corresponde!

LA MÉDICA: *(Con temor, tratando de calmarlo)* Señor... acabo de revisar al General y... está controlado... está mejor...

EL ENFERMERO: *(A La Médica)* ¡No! No es verdad. No está mejor. *(Al Hijo)* Su padre se está muriendo.

(El Hijo se lanza sobre El Enfermero y trata de golpearlo.

Este, simplemente, lo esquiva sin atacarlo. La Médica se interpone entre ambos)

LA MÉDICA: ¡Calma, por favor, calma!

EL HIJO: *(A La Médica...)* ¡Este desgraciado lo está matando! ¡Y con su complicidad!

LA MÉDICA: ¡No es verdad, señor!

EL ENFERMERO: *(Con calma)* Usted tiene el diagnóstico de su padre desde hace semanas. ¿Qué esperaba?

EL HIJO: *(Siempre en actitud de querer golpear al Enfermero)* ¡Que no lo hagan sufrir, mal nacidos!

LA MÉDICA: ¡Cálmese, señor! Aquí nadie está haciendo algo incorrecto. Usted sabe que son los últimos días del General.

EL HIJO: ¡El partido del General se movilizará! ¿Escuchan los gritos que llegan de la calle? ¡Ahí estamos! ¡Son cientos, miles, los que apoyan a mi padre!

EL ENFERMERO: Sí, lamentablemente apoyan a asesinos de personas indefensas. ¡Su padre es un genocida y está condenado por eso!

LA MÉDICA: *(Tratando de calmar la situación)* ¡Silencio, por favor, silencio!

EL HIJO: *(A los gritos)* ¡Esa gente está agradecida por lo que hizo mi padre! ¡Se quedó "corto"! ¡No debería haber dejado a un solo subversivo con vida!

EL ENFERMERO: Su padre mató, con su propia mano, a jóvenes indefensos. ¡Y promovió el secuestro de recién nacidos...!

LA MÉDICA: *(Al Enfermero)* ¡No estamos aquí para hacer discursos políticos!

EL HIJO: *(Al Enfermero)* ¡Escuchame bien, mal parido! Mi padre es un General de la Nación...

EL ENFERMERO: ¡Su padre perdió ese grado por asesino y por ladrón!

(El Hijo extrae una pistola y apunta al Enfermero. La Médica lanza un grito y trata de cubrirse)

EL HIJO: *(Apuntando al Enfermero con el arma)* ¡Repetí, repetí lo que dijiste!

(El Enfermero escucha la voz de La Madre que llega desde las sombras)

LA MADRE: Con la verdad no ofendo ni temo.

EL ENFERMERO: *(Con calma)* Dispare. No le tengo miedo.

(Momento de tensión. El Hijo continúa apuntando al Enfermero. No baja el arma)

EL HIJO: ¡Repetí, repetí lo que dijiste!

EL ENFERMERO: Su padre perdió ese grado por asesino y por ladrón.

(El Hijo lucha interiormente entre disparar o no. La Médica, con precaución, interviene...)

LA MÉDICA: *(Al Hijo)* Reflexione, señor, por favor. Estamos a su disposición para que ustedes investiguen lo que deseen.

EL HIJO: *(Señalando la puerta de la terapia intensiva)*

¡Ese es "otro mundo" para nosotros! ¡Allí pueden hacer de él lo que se les antoje!

EL ENFERMERO: No hacemos lo que su padre hizo con el mío.

LA MÉDICA: *(Al Enfermero)* ¡Basta, basta! ¡En este Sanatorio la única voz autorizada para hablar con la prensa y con la familia es la mía!

EL HIJO: *(A La Médica, bajando el arma...)* ¡Usted vaya despidiéndose de este trabajo!

LA MÉDICA: *(Con temor)* A mí pueden investigarme cómo y cuándo quieran.

EL HIJO: Nosotros no estamos solos. Tenemos muchas influencias. *(A La Médica)* ¡Me basta levantar el teléfono y la prensa más influyente denunciará la situación que está sufriendo mi padre! ¡Y se acabó su carrera, "Doctora"!

LA MÉDICA: Está exagerando, señor. ¡Cálmese!

EL ENFERMERO: *(A La Médica)* No, no está exagerando. Pueden hacerlo. Es más, lo hicieron durante años. No por nada hay quienes, todavía, defienden a los asesinos.

EL HIJO: *(Al Enfermero)* ¡Vas a ser el primero en pagar las consecuencias! ¡Te vas a acordar de mí!

(El Hijo sale por la puerta exterior, golpeándola. Momento de silencio)

LA MÉDICA: No deberías haberle contestado.

EL ENFERMERO: ¿Por qué no? ¿Lo ofendí diciéndole la verdad? ¿Su padre no fue condenado por genocida y por ladrón? ¿No se está muriendo atendido de la mejor manera posible? ¿Es el mismo trato el que “El General” dio a sus víctimas?

(La Médica guarda silencio. Luego hace referencia al General)

LA MÉDICA: Sí, empeoró. No le queda mucho. Mostrame la planilla.

(Hace referencia a la planilla de control de horarios para la suministración de medicamentos. El Enfermero, elaborando la desconfianza de La Médica, se le entrega. La Médica, con minuciosidad, controla)

LA MÉDICA: *(En voz baja...)* Todo en orden...

EL ENFERMERO: ¿Qué esperaba?

LA MÉDICA: No podrán alegar nada...

EL ENFERMERO: *(La interrumpe)* No se trata de “alegar o no alegar”, sino de hacer lo que corresponde. Para eso estoy aquí.

LA MÉDICA: Sí, pero podemos quedar sin trabajo si no demostramos que el General está bien cuidado. *(Ahora, como una orden...)* ¡Colocale otra dosis de analgésicos y, después, no te olvidés de anotarlo! Yo controlaré todo, hora a hora.

(El Enfermero toma medicamentos y se los extiende a La Médica)

EL ENFERMERO: Si la tranquiliza y no me tiene confianza, déselos Usted, Doctora.

LA MÉDICA: *(Enojada)* ¡No seas soberbio! *(Con ironía...)* ¡Tan lleno de “principios” y...!

EL ENFERMERO: *(La interrumpe)* ¡Estoy orgulloso de tener principios! ¿Usted, acaso, no los tiene?

(La Médica toma los remedios, molesta, y sin responder, entra a la terapia intensiva. El Enfermero se dirige a su mesa, toma una hoja de papel distinta a la que usaba para escribir sus recuerdos y comienza a escribir. Desde la sombras se insinúa la figura de La Madre)

LA MADRE: No renuncies.

(El Enfermero detiene su acción y permanece inmóvil. La Madre se le acerca)

LA MADRE: No tienes motivos para renunciar. A pesar de lo tremendo que, a nosotros y a tantos otros, causó ese hombre, lo estás tratando cómo corresponde.

EL ENFERMERO: Me cuesta hacerlo, mamá. A veces tengo ganas...

LA MADRE: Lo sé. Pero no lo haces. ¿Crees que yo no pensé, en tantos años de sufrimiento, en arrojarme sobre alguno de esos asesinos, que se pavoneaban altaneros por las calles, y clavarles un cuchillo en el pecho? Tantas noches me dormía soñando con ese momento pero, al despertarme, me decía frente al espejo que ese acto no llevaría a nada, que se trataba de una cuestión política y que, como tal, debíamos resolverla. Con la lucha, en las calles...

EL ENFERMERO: Ahora, desde la calle, siento los gritos de apoyo al asesino.

LA MADRE: Sí, es inconcebible. Pero son muchos más los que nos apoyan, los que comprenden y luchan. Y seguirán haciéndolo hasta que todos sean condenados.

No te olvides que algunos de los compañeros de tu padre tuvieron el coraje de testimoniar cuando este asesino fue juzgado.

EL ENFERMERO: Era lo menos que podían hacer. Ellos vieron cuando se llevaron a papá. Estaba por entrar al trabajo, como todos los días.

LA MADRE: Así fue. Habían preparado muy bien el operativo. Lo esperaban en la puerta del taller. En segundos lo metieron, mientras lo golpeaban, en un auto sin patente. Desde ese día, para mí, el tiempo se detuvo.

EL ENFERMERO: Mamá, cuando era un adolescente, te miraba como una mujer pasiva, como a una simple ama de casa...

LA MADRE: El dolor me hizo comprender, hijo. Y es terrible que haya sido el sufrimiento quién me lo haya enseñado. Entendí que no había otro camino que el de involucrarse. Comprendí que uno puede cerrar la puerta de su pieza con siete llaves y esconderse debajo de la cama para escapar de la realidad. Pero, indefectiblemente, la política abrirá la puerta, te sacará del escondrijo y te interpelará mirándote a los ojos. No tengas miedo de no ser neutral. Tu papá me lo repetía seguido pero, en ese momento, no lo comprendía. Estaba atenazada en un rol que, pensándolo en profundidad, yo no había elegido. Era el rol que cumplían la mayoría de las mujeres de mi generación: cuidar la casa, tener hijos, criarlos... Luego, con la lucha, entendí que no merecemos soportar el lugar al que fuimos condenadas.

EL ENFERMERO: *(Con nostalgia)* Papá... ¡Cuánto lo he extrañado en todos estos años! Si tuviera un lugar para llorarlo... ¿Qué le habrán hecho?

LA MADRE: Mejor no pensar en eso. Seguramente cosas terribles.

EL ENFERMERO: Yo podría, sin que nadie lo advirtiera, provocar que ese asesino sufra una ínfima parte de lo que papá debe haber sufrido. Me bastaría con poco. Cuando lo escucho quejarse de dolor, no puedo negarte que siento una sensación contradictoria. Y dudo en darle los calmantes. Dudo, mamá, dudo. Pero me impongo ser fiel a mi profesión y a lo que ustedes me enseñaron. Me levanto y le coloco los analgésicos.

LA MADRE: Haces bien, hijo.

EL ENFERMERO: Una noche me miró llorando. Pedía piedad. Sin decirme nada me imploraba que lo ayude. Tuve la tentación de decirle que estaba pagando, en una mínima parte, los crímenes de los que era responsable. Pero no abrí la boca. Le sostuve la mirada y lo atendí. Y ahora, desconfían de mi actitud.

LA MADRE: No renuncies a tu trabajo, hijo. Sería admitir que hiciste algo incorrecto. La verdad, tarde o temprano, se impondrá.

EL ENFERMERO: Me gustaría pensar que será así, aunque no estoy tan seguro, mamá. La justicia no siempre prevalece.

LA MADRE: Puede ser. Pero eso no impide el luchar para conseguirlo. Y, quizás, el modo mejor es no responder con la misma moneda. Tienes que estar tranquilo.

Has cuidado al responsable de la desaparición de tu padre como a cualquier otro paciente. Tu papá estaría orgulloso de vos. *(Le acaricia la cabeza)* Me esperan.

(La Madre comienza a alejarse)

EL ENFERMERO: ¿Adónde vas, mamá?

LA MADRE: A la calle. A luchar.

EL ENFERMERO: Pero... mamá, vos... vos... ya no estás... aquí...

LA MADRE: Estoy, hijo, estoy. Aunque mi cuerpo ya no pueda tocarse ni mi voz se escuche, son otras voces las que gritan y gritarán por mí. Los ejemplos no mueren, hijo. Simplemente, se trasmiten.

(La Madre se aleja y se esfuma entre las sombras. De la terapia intensiva entra La Médica)

LA MÉDICA: *(Preocupada, refiriéndose al General...)* Empeora minuto a minuto. *(Anota en la planilla)* Voy a llamar a los dueños del Sanatorio. Tenemos que estar preparados...

(Cuando está por salir, es sorprendida por la imprevista y violenta entrada de El Hijo y de El Fotógrafo)

EL HIJO: *(Al Fotógrafo, señalando al Enfermero)* ¡Ese es el enfermero que se está vengando, sin motivos, de mi padre! *(El Fotógrafo saca una foto al Enfermero. El Enfermero no se inmuta. La Médica intenta intervenir antes de ser fotografiada...)*

LA MÉDICA: ¡No, no! ¡Aquí no se pueden sacar fotografías!

EL HIJO: *(A la Médica)* ¡Vas a salir "muy linda" en el diario principal! *(El Fotógrafo fotografía a La Médica)*

LA MÉDICA: ¡No se puede entrar aquí sin el permiso de un juez! ¡Los policías que cuidan este lugar...!

EL HIJO: ¡Se fueron a tomar un café al bar! *(Al Fotógrafo, dándole una orden...)* ¡Ahora, fotografiá la planilla de medicamentos!

(El Enfermero, con un rápido movimiento, coloca la planilla a la vista de la cámara para que pueda ser fotografiada sin problemas)

LA MÉDICA: ¡Esto no está permitido!

(El Fotógrafo saca la foto de la planilla)

EL HIJO: *(A los gritos)* ¡Se van a arrepentir de haber hecho sufrir a un héroe de la patria!

(El Hijo y El Fotógrafo se retiran. La Médica está desesperada. Abre la puerta exterior y observa hacia afuera)

LA MÉDICA: ¡Dios mío! ¡No hay ni un solo policía en la guardia!

EL ENFERMERO: "Zona liberada" le llaman, Doctora.

LA MÉDICA: Pero... la Justicia ordenó que...

EL ENFERMERO: ¿La Justicia? ¿Usted cree que se cumple con todo lo que "la Justicia" dictamina?

LA MÉDICA: ¡Dios mío! Estoy perdida. Mi trabajo, mi familia, mi esposo, mis hijos...

EL ENFERMERO: No se preocupe, Doctora. No tenemos nada que ocultar. Que investiguen lo que quieran.

La planilla que fotografiaron revela que se cumplió minuciosamente con la prescripción médica.

LA MÉDICA: Sí. Pero... la opinión pública dudará. Vos sos hijo de un desaparecido...

EL ENFERMERO: ¡Lo soy y con la cabeza muy alta! Son los ejemplos de mi padre y el de mi madre los que me llevan a comportarme correctamente. Controle Usted, si es que duda, la cantidad de medicinas suministradas.

LA MÉDICA: *(Abatida)* Tanto esfuerzo para terminar así... sospechada... Esa gente tiene mucho poder. Una vez que se publique en los diarios, aunque no sea verdad o se lo haga en condicional, siempre quedará la duda.

EL ENFERMERO: Entiendo que eso le preocupe. Pero... debería estar muy tranquila. Usted, yo, y los demás colegas de este reparto, cuidamos a ese hombre como a cualquier otro. Frente a la muerte hasta los Generales se quedan sin pólvora. Son iguales a todos. Mi padre, sin embargo, no tuvo la suerte del "General". Por lo que se sospecha, su cuerpo fue arrojado en un pozo, a muchos metros de profundidad, después de horrorosas torturas. Y luego, los secuaces de ese señor *(señala la sala de terapia)*, hicieron una loza de cemento para que jamás pudiéramos encontrarlos. Pero, poco a poco, la verdad está emergiendo, Doctora. Desde los pozos oscuros, la verdad germina.

LA MÉDICA: Hay que olvidar. Son cosas del pasado.

EL ENFERMERO: *(Ofuscado)* ¿Olvidar? ¿Usted cree que hay que "olvidar"? Es la mejor forma para que las cosas se repitan.

LA MÉDICA: Está bien, entiendo... entiendo tu..."Nunca más".

EL ENFERMERO: No basta con decir "Nunca más", Doctora, aunque esté bien pronunciar esa frase. Hay que entender los "por qué". Si no se elaboran las causas, serán posibles otros "Nunca más". El veneno no descansa.

LA MÉDICA: Yo no entiendo de estas cosas. Soy, simplemente, una profesional. Me esforcé para recibirme. Nadie me regaló nada.

EL ENFERMERO: Puede ser, Doctora. Pero si estudió en una Universidad pública y gratuita, muchos, con su trabajo de todos los días, se lo permitieron. Yo me recibí de enfermero gracias a mi esfuerzo pero también al de miles de personas que, indirectamente y sin saberlo, me ayudaron. Por eso trato de cumplir con mi deber lo mejor que puedo. Para mí, una persona es una persona. Trato que mi vida personal no se involucre en mi trabajo. ¿Me equivoco, Doctora?

(Pausa. La Médica no responde. Lentamente se dirige hacia la planilla y vuelve a controlarla)

LA MÉDICA: Todo está en orden.

(Preparándose para eventuales pesquisas, coloca minuciosamente los remedios a la vista y en orden para demostrar que las cantidades corresponden con la suministración efectuada. Momento de silencio. El Enfermero la ayuda. Mira un reloj...)

EL ENFERMERO: *(Le señala una medicina)* Es la hora en la que el paciente debe recibir una dosis de este calmante, Doctora.

LA MÉDICA: *(Lo mira a los ojos. Luego de una pausa, dice...)* Sí, es la hora.

(La Médica, sin más palabras, toma el calmante, se encamina hacia la puerta de la terapia intensiva y sale de escena. El Enfermero queda solo. La luz cambia. Se sienta y escribe en su cuaderno de recuerdos...)

EL ENFERMERO: Quién sabe para qué venimos a este mundo, papá. El tiempo se disuelve en gotas esparcidas por la niebla. ¿Tenemos un destino o somos piezas de un juego de azar maquinado por nadie? Las estaciones pasan y, en cada año, se repite la metáfora más concreta que conozco: la flor... el esplendor... la caída... y el frío. Pero, en cada ciclo, el desafío se renueva. Así no veamos ese obcecado recorrido, sólo aspiro a concretar algo que alguna vez me confesaste: "Hay que dejar el sillón más calentito para los que vienen detrás", me dijiste. *(Con una sonrisa de nostalgia reitera el diminutivo...)* "Calentito"...

Mamá siguió tu consejo, papá, con su lucha tenaz hasta que las fuerzas la abandonaron. Y construyó su propio ejemplo. Yo los seguiré. En las pequeñas cosas, en cada uno de los actos de mi vida, en cada decisión... "Hay que dejar el sillón más calentito para los que vienen detrás"... La justicia llegará, papá. Y si no llega, si es un horizonte que siempre se quiebra en la distancia, seguiré caminando hacia él con la mirada alucinada.

(La Médica entra por la puerta de la terapia intensiva. La cierra, Hace una pausa y luego dice...)

LA MÉDICA: El General ha muerto.

EL ENFERMERO: *(Luego de una pausa)* Nadie es inmortal, Doctora. Lo importante es que sus ideas no se reproduzcan.

LA MÉDICA: ¿Será eso posible?

EL ENFERMERO: Depende de cada uno de nosotros.

LA MÉDICA: *(Con temor)* Ahora tengo que comunicar a...

EL ENFERMERO: No tenga miedo, Doctora. Con la verdad no se ofende ni se teme.

(La Médica, intranquila, se dirige hacia la puerta exterior. Sale)

EL ENFERMERO: *(Para sí, susurrando...)* "Dejar el sillón más calentito para los que vienen detrás".

(Las luces, lentamente, abandonan el espacio escénico)

APAGÓN FINAL

EL OTRO LABERINTO

De Carlos María Alsina

PERSONAJES:

TESEO

(Un oscuro lugar. Es un laberinto que no será indicado en la puesta en escena como un espacio real, de muros y paredes de piedra. Se trata de un espacio onírico y simbólico, que rodeará y condicionará la acción. En ese lugar no hay nada, salvo la silueta de un hombre sentado en el piso que, poco a poco, es iluminado por una débil luz que parece provenir de una antorcha. Se escucha, alrededor, un respirar extraño, una mezcla de rugido animal y de aliento humano, que proviene, no de una dirección determinada, sino de todas las que circundan a Teseo. La débil luz define a este personaje. No podríamos precisar su edad ni ubicar, por sus vestimentas, la época histórica en la que se encuentra. Todo debe parecer atemporal. El aliento del Minotauro crece en intensidad. Teseo mira hacia diferentes direcciones)

TESEO: *(Para sí)* Hoy... hoy está inquieto. ¿Hoy? ¿Hoy es hoy? ¿Desde cuándo estoy aquí? Me parece que ya he vivido lo que estoy viviendo... *(Duda)* ¿Ya lo he vivido? ¿O esto es un sueño? *(Trata de recordar)* Recuerdo a... a Ariadna... al ovillo mágico que el artesano Dédalo le entregó y que impidió que me perdiera en el laberinto de Creta. Después... después... *(Recuerda con esfuerzo)*... luego de matar al Minotauro, pude encontrar la salida siguiendo ese hilo...

(El respirar del Minotauro crece. Teseo grita hacia todas las direcciones...)

¿Dónde estás? ¿Desde dónde llega tu aliento ávido? ¡Yo estoy aquí! ¡Aquí! ¿Me estás buscando? ¿Soy yo, ahora, el centro del laberinto? ¿Soy yo, ahora, tu víctima?

(El rumor del Minotauro se extingue. Teseo escucha con atención. Luego, para sí...)

El hilo... el ovillo... ¿Dónde está ese hilo?

(Observa, con la mirada, a su alrededor y no encuentra nada)

Cientos de veces lo he buscado y jamás he podido encontrarlo. Sueño pesadillas en las que nunca logro hallarlo... me pierdo en ciudades desconocidas... grito sin gritar... nadie me conoce... digo mi nombre y este vuelve como un eco interminable... una lluvia que no cae... un viento inmóvil... una eterna hoja suspendida en el aire. Siento, entonces, que mi pecho se contrae... sueño hormigas que me devoran por dentro... y yo... lucho para sacarlas... Nada puedo hacer. No puedo atravesar mi piel. Un sol de sangre se va desvaneciendo. Parece una brasa triste que, con desgano, se despide. Deseo pedir ayuda, pero no me salen las palabras. Quisiera arrancarme la máscara de "héroe" que me cubre y a la que parezco condenado... *(Se detiene, reflexiona...)* ¿Estoy condenado a ser quién soy? ¿Por qué? ¿El destino me eligió para que mis pasos fueran éstos? ¿O soy yo mismo quien fui urdiendo, día a día, el diminuto universo de mi vida? ¿Cuáles fueron esos pasos? *(Trata de recordar)* ¿Cuándo comenzaron? ¿Fui yo mi propio Dios? ¿Mi propio destino? ¿Fui yo el artesano de mis naufragios y el alfarero de mis alegrías? Pero... *(Duda...)* ¿Cuáles son mis pasos ahora? ¿Hacia dónde voy? Mi camino, como el de mis sueños y el de mi pasado, se ha extraviado. En cada despertar dudo entre seguir soñando o afrontar esta otra pesadilla. En esos sueños, que me mutilan, hay un orden, una siniestra arquitectura que se cumple de un modo preciso: la ominosa certeza de estar perdido, de carecer de cualquier esperanza... pero... sin embargo... la precisión de ese exacto final me tranquiliza. Entonces me despierto por completo, apuñalado por esta otra selva, que es la vigilia. Y lo primero que escucho es su respiración... *(Hace referencia al Minotauro)* Yo sé que me vigila, que está esperando el momento para atacar. Yo sé que no quiere matarme mientras duermo, que quiere ver cómo mis ojos se van apagando para gozar así, aún más, de su venganza. *(Mira alrededor y grita...)* ¿Dónde estás?

(Hace un esfuerzo por recordar. Parece llegar a una conclusión...)

Yo lo maté... en Creta... y arrastré su cuerpo ensangrentado para que todos vieran que el engendro innatural ya no existía; que era yo quién lo había matado. Ariadna me esperaba, palpitando, bajo el aire del día y me abrazó. Mi sangre y la de su hermanastro, el Minotauro, fueron una sola. *(Recuerda...)* Ariadna me besó con pasión mientras me apuraba para que escapáramos antes que su padre lo impidiera. ¿Y ahora? ¿Está volviendo a suceder lo que ya ha sucedido? ¿Es éste el laberinto de Creta y Ariadna está afuera, esperándome, estremecida por las incomodidades del amor? *(Trata de encontrar claridad en su pensamiento...)* No, no... eso pasó hace mucho tiempo... ¿Dónde la abandoné? ¿Cuándo fue?

(Hace esfuerzos por recordar)

Yo... yo la abandoné en una isla mientras ella dormía, plácida y feliz, después de nuestra fuga de Creta.

(Trata de seguir recordando...)

El laberinto... el Minotauro... ¿Aquello pasó alguna vez? ¿O está pasando? ¿O... se trata de algo que todavía debe ocurrir y, ahora, la víctima seré yo? *(Cierra los ojos y recuerda...)* No sé si es un sueño o un recuerdo... aquella vez... sí... aquella vez... ese hilo me permitió salir...

(Recuerda como un anciano que busca, en el pasado, las razones de su vida...)

¿Ariadna se enamoró de mí apenas llegué a Creta para matar al Minotauro? *(Recuerda...)* Sí... sí... creo que fue así. *(Con cierta nostalgia...)* Ariadna... la apuñaló el amor... el amor... ese fantasma ardiente, tierno e impiadoso, certero arquero cuyo blanco es siempre móvil. *(Tratando de recordar...)* ¿El amor me empujó a atravesar los mares, a combatir con los más encarnizados enemigos, a jurar lealtades que nunca pude respetar, a equiparar la verdad con la mentira? El amor hiere y acaricia al mismo tiempo, mata y resucita. Es cuna y sepultura. *(Intenta poner sus recuerdos en orden...)* ¿Por qué dejé a Ariadna, allí, tan sola como el sueño de un muerto? ¿Me enamoré de otra mujer? *(Trata de precisar el recuerdo. Duda...)* ¿Fue ese el motivo? *(Busca, con la mirada, el hilo y hace referencia a él)* ¿Dónde está el hilo? Encontrarlo sería mi salvación. Pero... ¿Es este el mismo laberinto en el que maté al Minotauro?... ¿Y Ariadna? *(Piensa con nostalgia...)* La sueño con frecuencia. A veces aparece como un fantasma que se esconde. La busco entre multitudes, en las calles de ciudades que jamás he visitado, en desiertos que nunca he recorrido... Trato de acercarme y de tocarla, de restablecer con ella aquel amor tan breve y tan intenso que... que... creo haber vivido. Ella acepta, a escondidas, un beso, y luego se desvanece... como si jamás hubiese existido, dejándome huérfano de todo, herido sin sangre, agonizando en la nada. Me despierto sudando... trato de seguir soñándola... pero es imposible. Ya no la puedo encontrar ni en esos campos fértiles, que son los sueños, ni en la aridez cruel de la vigilia. Entonces entiendo que he vuelto a perderla hasta que ella elija rozarme en otro sueño. *(Mira hacia diversas direcciones)* Quizás Ariadna esté afuera... todavía esperándome... por siempre... hasta que logre matar al Minotauro.

(El aliento afanoso del Monstruo regresa, proveniente de todas las direcciones)

Él está aquí. Esto es lo cierto, lo que ahora está pasando. Está observándome. ¿Dónde se oculta? ¿Está en todas partes como una presencia invisible que acecha sin descanso? ¿Es el mismo monstruo con cabeza de toro y cuerpo de hombre? *(Piensa)* Pero... ¡Yo ya lo maté! *(Duda...)* Lo asesiné con mis manos y así liberé a Atenas del castigo de entregar a Creta siete muchachas y siete jóvenes para que el Minotauro los devore.

(Reflexionando...) Ese Monstruo vivía en el centro del laberinto, estoy seguro. Y se trataba de llegar hasta él para matarlo. Había un centro... un lugar que organizaba el mundo. Aunque se trataba de un horizonte fragmentado, era una referencia, una ardiente esperanza. Ahora... *(Mira hacia todas partes)*... ahora no encuentro el centro. ¡El hilo de Ariadna se ha cortado! *(Duda)* ¿Se ha cortado? ¿Existió alguna vez?

(Busca el hilo a tientas y con desesperación, como un ciego que procura encontrar alguna referencia. En cada lugar, o dirección, a la que se acerca, crece en intensidad el afanoso rugido del Minotauro. Esto provoca precaución en Teseo. Cuando trata de profundizar su camino hacia esa dirección para encontrar al Minotauro y definir la lucha, el rugido cesa y recomienza en la dirección opuesta. Teseo va hacia allí pero el esquema se repite. Parece un pájaro que golpea su cuerpo contra las rejas de una jaula sin poder salir. La respiración amenazante del Minotauro cambia de lugar constantemente. Teseo, cansado, intenta regresar al lugar en dónde había comenzado la obra, pero ya no está seguro de su ubicación)

¿En dónde me encontraba hace un momento? ¿Era aquí? No... no... ¿Cuál era mi centro, mi lugar?

(Elije otro sitio del espacio escénico. Allí, asesando, se acomoda y trata de recuperar fuerzas. El respirar del Minotauro desaparece)

No me vencerá. Llegaré hasta él y lo estrangularé. Basta que logre ubicar el lugar en dónde se esconde, el centro mismo en dónde crecen las raíces de esta pesadilla.

(Tratando de recordar...)

No creo que esta sea la primera vez que me enfrento a un enemigo poderoso. *(Duda)* Pero... ¿Es así? ¿Fue así? ¿De dónde vengo? ¿Quiénes fueron mis padres? *(Recuerda, dudando...)* ¿Egeo? ¿Fue Egeo mi padre? ¿Cómo se llamaba mi madre? *(Duda...)* Mi madre... ¿Etra? Sí, sí, ese era su nombre.

(Hace una pausa plena de dudas...)

¿Y si yo no soy Teseo? ¿Y si mis recuerdos son el sueño de otro? Quizás soy un simple campesino que está soñando con ser Teseo. ¿Dónde he vivido mi infancia? *(Pausa cargada de la tensión de no encontrar con precisión los recuerdos...)* Todo se fragmenta... un cielo astillado de estrellas me cubre por completo, una esfera sin orden, única y total, sin principio ni fin. *(Trata de darle una cronología a sus recuerdos, para entender...)* ¿Cuál es mi primer recuerdo? ¿Qué imagen me llega, con nitidez, desde el pasado?

(De pronto parece ser iluminado por una imagen...)

¡Un hacha! ¡Sí! ¡Era muy pequeño y pensé que la piel de león que estaba apoyada sobre una banqueta, era una fiera que vivía y que podía atacarnos! *(Recuerda...)* Los otros niños escaparon. Solo yo quise enfrentar el supuesto peligro levantando el hacha para enfrentarlo. ¿Fue así? ¿O fue algo que me contaron como una leyenda y eso no sucedió? ¿Estoy recordando un espejismo de la memoria? ¿Un sueño que emerge como un puñal sin tiempo? *(Repite como un mantra...)* ¿De dónde vengo? *(Susurra varias veces la pregunta)* ¿Quién soy?

¿Y después? ¿Qué pasó después? ¿Adónde me crié?

(Busca, con desesperación, la punta del hilo...)

¿Dónde está? ¿Por qué lo he perdido? Ese hilo era lo que más debía cuidar. Y lo he perdido. *(Se detiene. Pausa)* Tengo que tranquilizarme, ya lo encontraré... tiene que estar en alguna parte. La cuestión es entender cómo llegué aquí... ¿de nuevo?... Aquí... ¿qué me pasó antes? ¿Cuáles fueron los pasos de mi vida...?

(Hace esfuerzos por recordar...)

¿Soy aquel que mató al poderoso Sines, el hombre más fuerte de la Tierra, capaz de doblar los pinos hasta que sus puntas tocaran el suelo y que se divertía atando el cuerpo de una persona a ambos árboles para luego soltarlos y, así, desmembrar a la víctima? ¿Fui yo quien hizo lo mismo con él? ¿En qué momento de mi vida sucedió eso? ¿Yo maté a Procustres, el siniestro posadero que ofrecía una cama según la altura de cada huésped y que luego, mientras dormían, serruchaba las piernas de quienes sobresalían de ella o, a los de menor altura, los estiraba en un potro hasta que alcanzaran la justa medida? ¿Fui yo quien acabó con él de igual modo?

(Teseo permanece un momento en silencio. Luego dice pausadamente, reflexionando...)

¿O soy un humilde artesano que trama un cesto que el tiempo devorará sin piedad? Tal vez viví sin aventura alguna; quizás los días se fueron repitiendo casi exactos, marcados por la alternancia del frío y del calor, esos eternos enemigos. Tal vez solo cultivé un pequeño campo y supe mirar la sabia luna, que escondiéndose o iluminándonos, nos enseña cuándo es el mejor momento para sembrar. *(Piensa)* ¿O soy un desconocido soldado que sueña el comienzo de una batalla que jamás sucederá y nunca se despierta? Quizás nací en una pradera... o entre las nieves lejanas de una montaña y todo esto, que ahora vivo, no es otra cosa que la vaga espuma de una ola, un sueño injertado en cientos de otros sueños. ¿Quién soy? ¿O soy, en verdad, Teseo y seré recordado en el futuro, aunque las ciudades sean cubiertas por los mares?

No estoy seguro de nada. Si yo soy Teseo... ¿Fui justo? ¿Soy justo? ¿Maté para dar un orden a la vida? ¿Una jerarquía? ¿En dónde palpitan los límites de la justicia? Pero... ¿Existe la justicia? ¿O pasamos por esta ilusión des-ventrada, que es la vida, sumergidos en un caos absoluto y sin sentido?

(Parece tomar una decisión, hablando para sí...)

Supongamos que soy Teseo. Y estoy aquí, inmóvil entre los límites del sueño y de la muerte. Lucho... lucho por darle un orden a los hechos... una jerarquía a mis actos...

(Se escucha el asesar del Minotauro)

Él me da sentido. Es la única certeza que ahora tengo. Y sé que lo debo encontrar, que tengo que matarlo. ¿O, esta vez, él me matará a mí? Quizás ya estoy muerto y la muerte no es otra cosa que una infinita repetición.

(Teseo reflexiona y lucha por recordar)

La muerte... ¿Yo descendí alguna vez al Tártaro, ese sitio en el que languidecen para siempre los muertos? ¿A ese lugar en el que se habla sin palabras? ¿Será éste aquel lugar del que no lograré evadirme nunca?

(Recuerda. Como un fulgor, aparece un nombre...)

¡Helena! ¿Por qué ahora me atraviesa ese nombre? *(Trata de recordar...)* Helena... La mujer más hermosa que existió sobre la Tierra... ¿Qué tuve que ver con ella? *(Piensa...)* Recuerdo una apuesta... ¡Sí! ¡Era para tenerla, para poseerla...! ¡Hice una apuesta con un amigo desafiándonos quién de ambos sería capaz de apropiársela! *(Va hilvanando los recuerdos...)* Logramos raptarla cuando era aún niña y echamos al azar a quién pertenecería. *(Recordando...)* Sí... sí... la suerte me besó en la frente. Helena no era todavía núbil; la envié en secreto a un pueblo lejano para que mi madre la cuidara hasta que creciera. Pero... ¿Por qué bajé al reino de los Muertos? *(Recuerda...)* Fue por el aquel pacto con mi amigo: quién ganase la apuesta debía acompañar al perdedor, obligatoriamente, para raptar a otra hija de Zeus. Helena creció y cuándo cumplió la edad necesaria para casarse conmigo, mi amigo me recordó el pacto. *(Duda...)* ¿Lo cumplí? ¿Cómo fue? ¿Cuándo pasó?

(Teseo busca el hilo con la mirada. De pronto, un nombre se presenta en su memoria...)

¡Perséfone! Él quería raptar a Perséfone, la hija más noble de Zeus. *(Va encontrando en su memoria, con dificultad, cada detalle del recuerdo...)* Descendimos al país de los Muertos, en donde habitaba Perséfone, la esposa de Hades, para raptarla. Nuestras filosas espadas brillaban en las tinieblas. Cuando llegamos al palacio de Hades, él nos hizo pasar y escuchó, con aparente calma, nuestro proyecto. Nos invitó, con gentileza, a sentarnos. Grande fue nuestra sorpresa cuando descubrimos que no podíamos levantarnos. Era esa la Silla del Olvido. Nuestra carne se integró a esa Silla, como si fuésemos una sola cosa. Alzarnos significaba mutilarnos y el olvido, poco a poco, nos iba disolviendo. Estábamos rodeados de peligrosas serpientes y nos laceraban los dientes de Cerbero, el Perro que cuidaba aquel Infierno. ¿Cuánto tiempo estuvimos sufriendo aquel tormento? ¿Cómo logramos liberarnos?

(Un rugido inesperado del Minotauro se escucha. Teseo corre hacia ese lugar pero, como antes, la referencia se pierde en la nada. Entendiendo que no tiene sentido buscar al Minotauro en esa dirección, busca volver al lugar en el que había estado hasta hace un momento. No logra encontrarlo. Vaga en el espacio, perdido y confuso. Elije un lugar diferente a los anteriores. Mira hacia todas partes. Su desconcierto es total)

¿Qué es esto? ¿Qué lugar es éste? ¿Por qué estoy condenado a estar perdido? No conozco sufrimiento más doloroso. Me he extraviado, quizás para siempre, sin un antes ni un después, sin norte alguno, con la única referencia de ese respirar siniestro que no puedo encontrar. Mi presente se desvanece entre dos nadas. Pero... yo... recuerdo... vagamente... que antes tenía armas para combatir... armas eficaces. Ahora, ninguna de ellas me sirve. Todo ha cambiado, de un modo brumoso y fantasmal... un espectro que me devora sin que yo pueda defenderme. ¿Cuáles son, ahora, mis armas, mis artilugios, mis engaños para vencer? *(Piensa...)* No lo sé.

(Pausa intensa)

Si yo no fuese Teseo... tampoco contaría con arma alguna. Si fuera un simple labriego... ¿qué hago aquí esperando el momento de enfrentar al Minotauro? *(Piensa...)* Quizás, en el pasado, está el secreto del presente y del futuro. Podría crear, imaginándolo, mi pasado y, de esa manera, encontrar la salida de este laberinto.

(Piensa y trata de inventar...)

Nací entre olivos en una casa que se disolvía entre los árboles. Mis padres... fueron humildes campesinos para quienes la vida se organizaba según la sabia repetición de la naturaleza. ¿Tuve hermanos? *(Piensa... decide)* Sí, fueron... dos... dos hermanos. Crecimos ayudando a mi padre a sembrar los campos y a cosechar lo que la tierra nos ofrecía. ¿Y ellos? ¿Qué sucedió con ellos? ¿Murieron? *(Piensa e inventa...)* Sí, sí... todos murieron. Fue durante una peste. Ni siquiera pude enterrarlos... *(Se detiene)* ¿Es esto verdad? ¡No lo sé! Quizás sí lo sea y pueda imaginar un pasado que me libere del presente... Tal vez el único tiempo posible es el presente.

(Desde otra dirección, se escucha al Minotauro. Teseo mira hacia ese lugar)

Pero él está allí, en algún lugar cercano. Ese Monstruo me recuerda quién soy. Para nada sirven los juegos de la imaginación. No logro recordar de qué forma ni cómo llegué aquí, pero él me da el sentido que he perdido. Mi único destino posible, ahora, es enfrentarlo.

(Teseo, imprevistamente, corre hacia algún lugar determinado a buscar al Minotauro. Cuando llega al límite del escenario, una fuerza invisible lo arroja, con violencia, hacia atrás y lo hace caer. El rumor del Minotauro se escucha del lado opuesto. Teseo se levanta y corre hacia allí. Sucede lo mismo. En el piso, Teseo dice con desesperación...)

¿Por qué? ¿Por qué? ¿Por qué no lo puedo encontrar y acabar, así, con esta agonía? ¿Cuánto dolor será aún necesario para que todo esto termine? ¿Por qué ese Monstruo no aparece de una vez y me mata, o yo lo hago con él, si ese es mi destino?

(Pausa. Se tranquiliza)

Tengo que reconstruir mi historia. Es el único modo de no perderme totalmente. *(Trata de poner sus ideas en orden)* Mi padre... Egeo... sí, Egeo se llamaba. *(Con esfuerzo, recuerda...)* Me hizo prometer cuando partí que, si lograba volver a Atenas luego de matar al Minotauro, izara velas blancas en mi nave para que él, desde lejos tuviese la buena noticia. Yo prometí hacerlo. Las naves que volvían de Creta, luego de ofrecer sus víctimas al Minotauro, regresaban impulsadas por velas negras, como señal de la funesta noticia. *(Recuerda, con esfuerzo...)* Me dijeron que mi padre, todos los días, se apostaba en el peñasco más alto de Atenas y observaba el mar con la esperanza de ver mi nave empujada por la buena noticia de aquella blancura. *(Con dolor...)* Yo me olvidé de esa promesa y él, al divisar mi barco y al no ver lo que esperaba, desesperado, se arrojó al mar, suicidándose. Ese mar... ese mar... desde entonces, se llama Egeo. ¿Por qué no pude recordar esa promesa? ¿Por qué no icé aquellas las velas? De alguna manera, por ese olvido, yo provoqué la muerte de mi padre. Lo lloré como pocos han llorado, pero... él jamás pudo saber que su hijo había liberado a Atenas de su tributo siniestro, matando al Minotauro. Jamás pude abrazarlo ni pude mirar sus ojos orgullosos por lo que yo había hecho. No pude acompañarlo en su vejez ni ocuparme de sus más pequeñas ambiciones. No debe haber lugar más hermoso que aquel que cuida de sus ancianos, que les hace sentir que la soledad es un engaño de la vida y que el día siguiente llegará con un trozo de pan, a la mañana.

Con la muerte de mi padre, heredé el gobierno de Atenas. Y me enfrenté a tantos hambrientos de poder... ¡Y a la envidia!... esa serpiente invisible de mil cabezas que ni siquiera quiere reconocer su propio cuerpo. Esa víbora - la envidia - rompe los espejos con secreta violencia porque no quiere verse reflejada. Nadie desea ser "menos" que otro. Hay que evitar verse duplicado, a cualquier costo, en ese espejo maldito. Por eso, se hace necesario eliminar al supuesto poseedor de algún poder o de alguna virtud que el envidioso juzga no tener. Hay que asesinarlo... o negarlo. Hay que ignorarlo, que es un modo sutil del homicidio. Se impone no reconocerle nada. Simplemente cancelarlo del mundo.

Lo que ellos no podían ver era que, lo que envidiaban, no era otra cosa que un espejismo de su propia imaginación. No podían ver que yo no poseía las virtudes que ellos creían, o que, si las poseía, no tenían la importancia que imaginaban. Pensé en abandonar Atenas y dejarles el campo libre. Pensé que podría enfrentar el exilio y, por lo tanto, soportar la peor de las muertes posibles. El exilio asesina en cada amanecer y lo hace en pequeñas dosis, con el corrosivo y lento veneno de la distancia. Pensé que así podría eludir los infinitos mordiscos de esa reptil invisible que es la envidia.

Pero entendí que, escapara dónde escapara, aquella serpiente reptaría persiguiéndome. No hay otra fuga posible de su veneno que la muerte.

(Observa hacia todos lados)

Quizás este lugar es aquel exilio alguna vez deseado y todo lo que pasó –o pasará– después, no es otra cosa que una pesadilla inacabable. Este laberinto podría ser aquel exilio tan temido.

(Se escucha el rumor del Minotauro. Teseo grita en esa dirección...)

¿Es este ese lugar? ¿Es esta la lejanía sin retorno de la propia tierra? ¿Es este el dolor más intenso y más constante? ¿Es este laberinto el No Lugar que cancela las distancias y las reduce a un océano infinito? ¿Eres ese Monstruo sin tiempo y sin medida?

(El aliento del Minotauro se desvanece. Teseo espera otra señal del Monstruo, cuestión que no se produce. Dice para sí...)

¿Podré vencerlo? ¿Podré derrotar la nostalgia y los recuerdos? ¿Podré vencer esta soledad sin confines? *(Piensa. Luego susurra...)* Los recuerdos... ¿Cuáles recuerdos?

(Se arroja al piso, con determinación. Tantea, con avidez, buscando en el espacio la punta del hilo extraviado. En tanto lo hace, dice...)

¡Tengo que encontrarlo! ¿Dónde está la punta del hilo milagroso? ¿Dónde está mi historia y mi pasado? ¿Cuál es el centro de este laberinto?

(Sin poder encontrar nada, asesando y fatigado, se detiene en un nuevo lugar del espacio escénico)

Mi historia... *(Se esfuerza en recordar...)* Atenas... ¿Goberné Atenas? *(Logra encontrar el recuerdo...)* Sí... sí. Enfrenté a mis adversarios y los vencí. Y después, en mi gobierno, unifiqué a los clanes enfrentados que luchaban entre sí. Conquisté el poder y tuve el coraje de ejercerlo. Abrí las puertas de Atenas a quienes quisieran habitarla. La ciudad se integró de diferencias y la defendí de innumerables peligros. *(Recuerda...)* Las Amazonas... ¡Y su reina, Antíope, una mujer extraordinaria que fue, también mi amante! En una expedición victoriosa la tomé como botín de guerra. Ella se había enamorado perdidamente de mí. *(Piensa...)* El amor me ha visitado incontables veces sin necesidad de que yo tocara puerta alguna. Y siempre lo viví como un abrigo hermoso aunque estrecho: me brindó calor, pero al mismo tiempo, había algo en él que me incomodaba. Tal vez eso es el amor: una gloriosa incomodidad.

(Piensa, mira alrededor...)

El amor une y separa. Ese Monstruo, que alguna vez vencí y que ahora vuelve a desafiarme, fue, él también, fruto del amor y del deseo de una mujer por un animal, un hermoso toro blanco que surgió del mar. Ella, con un engaño, logró que ese animal la poseyera y de esa unión nació el Minotauro...

(Se escucha un intenso rugido que estalla, ahora, como un lamento más que como una amenaza. Teseo mira hacia la dirección de dónde proviene. Grita hacia allí...)

¿Te duele la verdad, engendro monstruoso? ¿Te duele el amor? ¿Te duele la soledad de no haber sido nunca amado y de ser incapaz de amar? ¡Aparece y yo te sacaré, matándote, ese dolor para siempre!

(El lamento-rugido se escucha desde otro lugar. Teseo se dirige, ahora, hacia esa dirección. Grita hacia allí...)

¡Todos estamos solos! ¡Pero tu soledad es única! ¡Tú soledad es un viento frío que penetra los muros de este laberinto y, con puñales helados, te desgarra el vientre sin piedad! ¡Tú soledad carece de recuerdos! ¡Yo puedo defenderme de ella con los míos! ¡Engaño mi soledad con recuerdos vivos o inventados! ¡Tú no! ¡Porque estás aquí, desde siempre, condenado a no salir, a matar a tus víctimas sin poder amar!

(El rugido del Minotauro cesa. Teseo espera un momento: procura escuchar alguna señal. Nada sucede. Luego, busca el lugar en el cual estuvo antes de dirigirse, por última vez, hacia el Minotauro. No logra encontrarlo)

¿Dónde me encontraba hace un instante? ¿Por qué los lugares se desvanecen como árboles en la niebla? ¿Por qué la más pequeña referencia desaparece?

(Se ubica en otro lugar del espacio. Hace referencia al Minotauro...)

Es el amor lo que lo hiere. Es ese su punto débil. Quizás sea esa la fragilidad de todos. Y ese Monstruo posee una parte humana. Su lamento, no hay dudas, es profundo. *(Recuerda...)* El grito final de mi amante Antíope, la hermosa amazona que llevé a Atenas, me lo recuerda. Su hermana, guiando un ejército de mujeres, intentó invadir la ciudad y logramos derrotarlas. Antíope, que fue mi amante y nunca fue mi esposa, no soportó que me casara con Fedra y, en la fiesta de matrimonio irrumpió, armada, con el ánimo de asesinar a todos los invitados. *(Pausa. Teseo recuerda con dolor...)* Tuve que matarla pues no había otro modo de detenerla. Combatía con más ardor y eficacia que los hombres y hubiese provocado una carnicería. *(Recuerda con dificultad...)* ¿Ella me dio un hijo? *(Pausa)* Sí... sí... y yo la maté. Ultimé a la madre de mi hijo... ¿Cómo se llamaba mi hijo? *(Hace esfuerzos por recordar)* ¡Hipólito!, se llamaba Hipólito. *(Recuerda ese nombre con nostalgia).* Antíope emitió un alarido sordo cuando mi espada la atravesó... fue un quejido de siglos, como el que ahora escuché del Minotauro. En ese último grito vivió, mientras moría, toda la eternidad. Yo, el hombre que ella amaba, la había asesinado antes sin necesidad de herirla. No era ella quién combatía, sino su dolor. En ese último grito el tiempo se detuvo para siempre.

(El lamento del Minotauro se escucha desde otra posición. Teseo se dirige, gritándole, hacia ese lugar...)

¿Te duele el amor, Monstruo abominable? ¡Al castigo de no ser amado ni al de no poder amar no logarás extirparlo nunca de tu pecho!

(Ahora, desde otra posición, se escucha un potente rugido desafiante del Minotauro. No es ya un lamento. Es un desafío rabioso que supera en intensidad a los anteriores. Teseo retrocede, impresionado. Poco a poco, asesando, la presencia sonora del Minotauro disminuye. Teseo espera ese provisorio final y luego, en dirección a la última intervención del Minotauro, le dice...)

El amor y la muerte nos igualan. Como nos pasa a todos los que todavía respiramos, en eso nos parecemos, engendro innatural. *(Teseo reflexiona, trata de recordar y dice para sí...)* Amé a mi esposa, Fedra, y la amé aun más cuando el destino quiso que se enamorara de Hipólito, mi hijo. La amé con mayor intensidad porque la había perdido, no solo porque se suicidó ahorcándose al no ser correspondida, sino porque había dejado de amarme. *(Con dolor, recuerda...)* Maldije a mi propio hijo y le deseé la muerte. El destino me escuchó. El carruaje en el que Hipólito, expulsado, se alejaba de Atenas tuvo un accidente y se destrozó. Los caballos que lo tiraban arrastraron su cuerpo convirtiéndolo en una masa informe. ¡Yo, sin saber de los engaños de Fedra – a quién Hipólito había rechazado – deseé la muerte de mi propio hijo! Y aquel instante fatal se verificó. ¿Qué puedo hacer ahora para remediarlo? ¿Creer que aquello aún no ha pasado y que este momento sucede antes de su muerte? Si esto fuese así, evitaría las injustas maldiciones que le dirigí y él, mi hijo Hipólito, transcurría su vida sin el peso de perderla por una injusticia. Yo, que traté de ser justo en el gobierno de Atenas, fui injusto con mi propio hijo. ¿Dónde está el límite entre uno mismo y los demás? ¿Qué es lo prioritario? *(Teseo reflexiona...)* Goberné Atenas con justicia, derroté a enemigos e invasores y hasta la reconquisté, cuando regresé del Reino de los Muertos. La encontré dominada por los hermanos de Helena, que en mi ausencia la habían rescatado y habían logrado reportarla a Esparta.

(Se escucha un nuevo rugido del Minotauro)

Sí... sí... Sé que me juzgas como un tirano, como un hombre que no siempre supo elegir entre su propia ira y los intereses de su pueblo. Prevaleció en mí, muchas veces, el afán de vengarme en nombre propio sobre al interés de los demás. Pero... *(Reflexiona...)* Cuando volví a Atenas encontré que el degrado y la corrupción reinaban más que mil reyes. La descomposición es un enemigo más difícil de derrotar que el más eximio combatiente. La degradación es un cadáver infectado, una peste purulenta que explota en el lugar que se toque. Todo supura, desde la cabeza a los pies. Pero... lo que se infecta primero es la cabeza. Es que ya no existe ejemplo alguno. Y si los peores crímenes y la corrupción se esparcen desde la cabeza, no tardarán en llegar a los pies. Atenas ya no ofrecía caricia alguna a sus habitantes...

(Desde otra dirección, el Minotauro ruge...)

Sé que te estás vengando con lo que me pasó... ¿o pasará?... en mi vida. La degradación de Atenas me venció y, maldiciéndola, me exilié para siempre. *(Trata de recordar...)* ¿Dónde fui? ¿Dónde me refugié? ¿Vine aquí para pagar mi impotencia? ¿Cuál fue o será mi final? ¿O esto que estoy viviendo está más allá de ese límite?

(Duda. Pausa)

¿Fue esa mi historia? ¿O todo esto no es otra cosa que el delirio de una pesadilla sin sentido? Quizás soy un anodino hombre del futuro que ha leído la historia de Teseo y sueña esta tragedia sin lograr despertar. O quizás soy un hombre del pasado que imagina la historia de Teseo y enloquece pensando que es real y que ese Monstruo no es otra cosa que una criatura de su imaginación. ¿Dónde comienza el tiempo? ¿Dónde termina? ¿Dónde entristece la melancolía del pasado y florece la esperanza del futuro? ¿O todo se limita a este laberinto sin tiempo ni espacio? Tal vez todo esto no sea otra cosa que un fulgor débil y fugaz y el hilo de Ariadna no existió, ni existe el Minotauro, y la historia de cada uno es una partícula de nada en un universo carente de la mínima certeza.

(De pronto se escucha el alarido desafiante del Minotauro. Teseo gira hacia allí)

No. No. Él está ahí, acechando en alguna parte. Él me recuerda que soy Teseo y que debo matarlo, que tengo que encontrar el hilo que me permita salir de aquí y comprender... entender... lo que está pasando. He logrado recordar fragmentos de mi pasado – o imaginar mi futuro - que, soñados o no, me han permitido reconstruir un posible camino.

(Ahora el rugido del Minotauro proviene de un solo lugar. Teseo se acerca hacia allí, como en las oportunidades anteriores pero, esta vez, el Minotauro no parece moverse. Teseo cobra fuerzas. Ha entendido que el momento del enfrentamiento ha llegado. Con precaución, avanza en esa dirección. El rugido del Minotauro crece, como esperándolo para el combate definitivo...)

El momento ha llegado. Aquí y ahora. Todo lo que viví - o viviré – se concentra en este instante. Él me espera allí dispuesto a matarme aunque, quizás, ambos ya estemos muertos. He reencontrado el centro del mundo. El hilo...

(Teseo gira la cabeza antes de seguir avanzando. Sin que el ovillo sea visto por el público, parece divisar, en el lado opuesto del espacio, el hilo que Ariadna le entregó)

El hilo... el ovillo... ¡allí está! Esperándome para que, siguiéndolo, pueda escapar de aquí. Todo se une en este minuto infinito. Ese Monstruo o yo; el Minotauro o lo que queda de lo que fui... o de lo que seré.

(Teseo se acerca al límite del espacio en el cuál, se supone, está esperándolo el Minotauro. El rugido del Monstruo

se hace estruendoso. Cuando la tensión llega a un límite extremo, una explosión de luz enceguece todo. No logra divisarse si Teseo atraviesa algún confín. Parece tratarse de un "big-bang" luminoso y también sonoro. La intensa luminosidad, luego de un instante, se extingue sumiendo todo en la oscuridad aunque persiste el eco de la explosión sonora para no señalar un final anticipado. Lentamente, como al inicio de la obra, una débil luz de antorcha comienza a delinear la silueta de Teseo. Vuelve a escucharse el respirar del Minotauro que, poco a poco crece en intensidad. Teseo mira alrededor...)

TESEO: *(Para sí)* Hoy... hoy está inquieto. ¿Hoy? ¿Hoy es hoy? ¿Desde cuándo estoy aquí? Me parece que ya he vivido lo que estoy viviendo... *(Duda)* ¿Ya lo he vivido? ¿O esto cs un sueño?

(Sin que haya respuesta alguna, una débil luz va esfumando su cuerpo que se disuelve lentamente en la oscuridad. Con ello llega el FINAL)

FIN

Sala Monferrato, 20 de Mayo de 2022.

Índice

VIDAS Y MUERTES DE MARÍA NADIE 5

LA SALUD DEL GENERAL 53

EL OTRO LABERINTO... 79

www.ingramcontent.com/pod-product-compliance
Lightning Source LLC
LaVergne TN
LVHW041121150826

845673LV00007B/2143
* 9 7 8 6 3 1 9 0 0 4 9 0 8 *